T0194736

Studienwissen kompakt

Mit dem Springer-Lehrbuchprogramm „Studienwissen kompakt" werden kurze Lerneinheiten geschaffen, die als Einstieg in ein Fach bzw. in eine Teildisziplin konzipiert sind, einen ersten Überblick vermitteln und Orientierungswissen darstellen.

Weitere Bände dieser Reihe finden sie unter
http://www.springer.com/series/13388

Andreas Kuckertz

Management: Entrepreneurial Marketing

Andreas Kuckertz
Universität Hohenheim
Stuttgart, Deutschland

ISBN   978-3-658-08979-5   ISBN   978-3-658-08980-1 (eBook)
DOI 10.1007/978-3-658-08980-1

Die Deutsche Nationalbibliothek verzeichnet diese Publikation in der Deutschen
Nationalbibliografie; detaillierte bibliografische Daten sind im Internet über
http://dnb.d-nb.de abrufbar.

Springer Gabler
© Springer Fachmedien Wiesbaden 2015

Lektorat: Eva-Maria Fürst

Gedruckt auf säurefreiem und chlorfrei gebleichtem Papier.

Springer Fachmedien Wiesbaden GmbH ist Teil der Fachverlagsgruppe Springer
Science+Business Media
(www.springer.com)

Vorwort

Zahlreiche Unternehmer und Unternehmensgründer halten mit innovativen Produkten, Dienstleistungen und Geschäftsmodellen die Märkte in Bewegung. Zielführendes Marketing ist damit eine ihrer Kernaufgaben. Man könnte dabei leicht dem Trugschluss erliegen, dass kleine und junge Unternehmen ihren etablierten Konkurrenten systematisch unterlegen wären. Dass dies nicht so ist, zeigt die Diskussion rund um das Thema des sogenannten Entrepreneurial Marketing – einer Marketingkonzeption, die zwar von der besonderen Situation von Gründungsunternehmen inspiriert ist, aber gleichzeitig auch einiges an Potenzial für etablierte Unternehmen mit sich bringt.

Dies liegt daran, dass Entrepreneurial Marketing nicht als ein auf das lediglich Notwendigste reduzierter Marketingmix in kleinen und jungen Unternehmen verstanden werden darf – Entrepreneurial Marketing ist außerordentlich kreatives Marketing im Angesicht deutlicher Unsicherheit über neue und unbekannte Märkte und Kunden. Es ist damit nicht nur für Unternehmensgründer interessant, die mit kleinem oder schlimmstenfalls keinem Marketingbudget arbeiten müssen, sondern für jeden Marketingverantwortlichen – auch und gerade in etablierten Unternehmen. Und auch aus akademischer Warte wird Entrepreneurial Marketing deswegen innerhalb der Forschung und Lehre zum Unternehmertum (Entrepreneurship) als eines derjenigen Themen gesehen, die aktuell innerhalb des unternehmerischen Prozesses besonders relevant sind und zukünftig mit dem höchsten Bedeutungszuwachs einhergehen werden.

„Management: Entrepreneurial Marketing" zielt vor diesem Hintergrund darauf ab, die theoretischen Grundlagen und praktischen Konzepte des Entrepreneurial Marketing für den Leser kurz und prägnant in sechs Kapiteln darzustellen. Eine Reihe von Fallstudien aus dem deutschsprachigen Raum hilft dabei zu verstehen, wie vielfältig die Anwendungsmöglichkeiten des Entrepreneurial Marketing tatsächlich sind und wie kreativ einzelne Unternehmer und Unternehmen in der Praxis mit ihren Marketingherausforderungen umgehen.

Was aber ist das wirklich Neue am Entrepreneurial Marketing? Zugegeben: Es muss im Marketing nicht alles neu erfunden werden, wenn man als Unternehmer mit einem innovativen Konzept an den Markt herantritt oder wenn man gefordert ist, Teile seines Unternehmens oder gar das ganze Unternehmen neu zu erfinden – die grundsätzliche Frage, was wem auf welchem Wege wie verkauft werden soll, ist dieselbe, einerlei um welchen Unternehmenstyp es sich handelt. Entrepreneurial Marketing verschiebt jedoch vor dem Hintergrund dieser klassischen Fragen die Perspektive und hilft, diese Fragen auch angesichts großer Unsicherheit mit einigem Selbstbewusstsein beantworten zu können.

Damit kommt den traditionellen 4Ps des Marketing Mix (Product, Price, Place, Promotion) zwar auch Bedeutung zu; diese sind aber bei weitem nicht als das leitende Prinzip dieses Buchs zu verstehen. Unternehmer und Unternehmensgründer, die sich zu sehr auf den Marketing-Mix fokussieren, geraten leicht in Gefahr, Marketing gerade mit der Promotion-Komponente des Marketing Mix und der reinen Verkaufsförderung zu verwechseln. Kern des Entrepreneurial Marketing sind und sollten aber Anpassungsfähigkeit, Flexibilität und Reaktionsfreudigkeit angesichts großer Unsicherheit sein. Es wird sich zeigen, dass hierbei gerade junge Unternehmen punkten und etablierte Unternehmen vieles lernen können.

Bücher entstehen nur selten im luftleeren Raum einzig und allein durch das Zutun eines einsamen Autors. Das gilt auch für „Management: Entrepreneurial Marketing". Meinen Mitarbeitern an der Universität Hohenheim, Martin P. Allmendinger, Elisabeth S. C. Berger, Christoph Mandl und Patrick G. Röhm habe ich zu danken für etliche Vorrecherchen, Anmerkungen, Diskussionen und teilweise auch das Verfassen der Fallstudien, die jedes Kapitel dieses Buchs begleiten. Ihre jeweiligen Beiträge sind im Anhang gelistet. Die Teilnehmer meines Seminars zum Entrepreneurial Marketing an der Universität Hohenheim im Sommersemester 2014 waren eine große Hilfe dabei, interessante Themen und innovative Konzepte zu identifizieren. Meiner Sekretärin Anne Konrad-Hipp habe ich für unendliche Geduld über etliche Korrekturrunden hinweg zu danken, die das Manuskript genommen hat. Und auch meiner Lektorin bei Springer Gabler, Frau Eva-Maria Fürst, bin ich dankbar für die Diskussionen zur grundsätzlichen Idee dieses Buches und den Vorschlag, „Management: Entrepreneurial Marketing" innerhalb der Reihe „Studienwissen Kompakt" zu platzieren – wofür ihr sicherlich auch viele meiner Studierenden dankbar sein werden.

Professor Dr. Andreas Kuckertz
Stuttgart-Hohenheim

Über den Autor

◘ Andreas Kuckertz

Univ.-Prof. Dr. Andreas Kuckertz leitet das Fachgebiet Unternehmensgründungen und Unternehmertum (Entrepreneurship) an der Universität Hohenheim und ist stellvertretender geschäftsführender Direktor des Instituts für Marketing & Management. Darüber hinaus ist er assoziiertes Mitglied der Networked Value Systems Research Group der finnischen Universität Vaasa. Internationale Forschungsaufenthalte führten ihn u. a. an die Queensland University of Technology, die Turku School of Economics und die Cass Business School.

Er ist Mitglied der Editorial Boards des International Journal of Entrepreneurial Behaviour and Research, des Journal of Small Business Management, des Journal of Small Business and Entrepreneurship und der Zeitschrift für KMU und Entrepreneurship. Im European Council for Small Business and Entrepreneurship (ECSB) engagiert er sich als Country Vice President Germany. Er ist Mitglied des Präsidiums des Förderkreis Gründungsforschung e. V. (FGF), für den er den Arbeitskreis Entrepreneurshipforschung leitet und die bei Springer erscheinenden FGF Studies in Small Business and Entrepreneurship herausgibt.

Nach dem Studium der Kommunikations- und Medienwissenschaft, der Betriebswirtschaftslehre und der Philosophie an den Universitäten Marburg und Leipzig (2001 Abschluss als M.A.) wurde er 2005 an der Universität Duisburg-Essen mit einer Arbeit über Venture-Capital-Finanzierung summa cum laude promoviert. 2011 habilitierte er sich an der Fakultät für Wirtschaftswissenschaften der Universität Duisburg-Essen im Fach Betriebswirtschaftslehre mit einer kumulativen Arbeit über den Gründungsprozess innovativer Unternehmen. 2012 folgte er einem Ruf an die Universität Hohenheim, nachdem er zuvor den Lehrstuhl für Innovations- und Gründungsmanagement an der TU Dortmund vertrat.

Seine Forschungsarbeiten zu den verschiedensten Aspekten von Entrepreneurship, Strategie und Innovation sind in Zeitschriften wie dem Journal of Business Venturing, dem Journal of Business Research, der Zeitschrift für Betriebswirtschaft, Entrepreneurship & Regional Development, dem Strategic Entrepreneurship Journal oder auch Schmalenbachs Zeitschrift für betriebswirtschaftliche Forschung erschienen. Neben seinen Aktivitäten in Forschung und Lehre ist er aktiv als Redner, Berater und Coach rund um das vielfältige Thema Unternehmertum.

Inhaltsverzeichnis

Grundlagen des Entrepreneurial Marketing

Andreas Kuckertz

A. Kuckertz, *Management: Entrepreneurial Marketing*, Studienwissen kompakt,
DOI 10.1007/978-3-658-08980-1_1, © Springer Fachmedien Wiesbaden 2015

Lern-Agenda

In diesem Kapitel werden Sie lernen,

- welche Besonderheiten von Gründungsunternehmen dazu führen, dass sich ihr Marketingansatz deutlich vom Marketing etablierter Unternehmen unterscheidet,
- wie klassisches Marketing und Entrepreneurial Marketing miteinander zusammenhängen,
- welche Komponenten ein umfassendes Konzept des Entrepreneurial Marketing ausmachen.

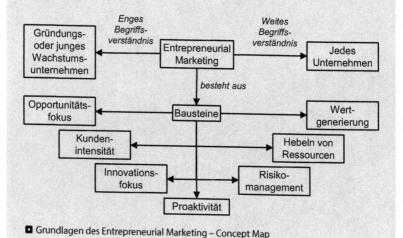

□ Grundlagen des Entrepreneurial Marketing – Concept Map

1.1   Was macht Gründungsunternehmen so besonders?

Ein junges, gerade gegründetes Unternehmen sieht sich am Anfang seiner Entwicklung mit einer ganzen Reihe von Herausforderungen konfrontiert. Dazu zählen nicht nur die Unsicherheit über Kunden, Märkte, eigene Kompetenzen und den zukünftigen Erfolg des Unternehmens, sondern auch begrenzte Ressourcen und Faktoren, die in der Literatur üblicherweise unter dem Stichwort ‚*Liabilities*' (d. h., Lasten oder ganz allgemein Schwächen) diskutiert werden [5]:

- Die *Neuheit* des Unternehmens geht mit einem nur begrenzt positiven Image bei anderen Marktteilnehmern und der Öffentlichkeit einher und zeigt sich in oftmals nur in geringem Maße vorhandener Managementexpertise (sogenannte ‚Liabilities of Newness' [12] – Lasten der Neuheit).

- Die *geringe Größe* des Unternehmen ('Liabilities of Size' – Lasten der Größe) sorgt dafür, dass das junge Unternehmen nur einen sehr begrenzten Marktanteil aufweist, damit kaum Marktmacht hat und auch nur eine geringe geographische Präsenz am Markt aufweist.
- Die *Abhängigkeit von der Person des Unternehmers* (Einheit von Besitz und Leitung [8]) führt dazu, dass dieser schnell überlastet sein kann und möglicherweise auch die notwendigen Fähigkeiten für bestimmte, zwingend notwendige Tätigkeiten im Unternehmen nicht mitbringt. Zeit wird damit die knappste Ressource im Unternehmen [6].
- *Begrenzte materielle Ressourcen* erschweren die Umsetzung eines Gründungskonzeptes, machen sie manchmal sogar unmöglich und gefährden auch das weitere Wachstum des Unternehmens nach seiner erfolgreichen Errichtung am Markt. Positive Skaleneffekte ('economies of scale') können daher nicht genutzt werden.
- *Unsicherheit,* gerade über die Umwelt des neuen Unternehmens und die weitere Entwicklung seines Umfelds, rührt aus einem vergleichsweise schlechteren Informationsstand junger Unternehmen und kann dazu führen, dass suboptimale Entscheidungen getroffen werden.

Diese Charakteristika junger Unternehmen führen jedoch nicht zwangsläufig dazu, dass diese ihren etablierten Konkurrenten gegenüber dauerhaft im Nachteil sein müssen. Auch schon länger am Markt aktive Unternehmen weisen strukturelle Nachteile auf (wie bspw. Trägheit in der Entscheidungsfindung, einen möglicherweise aufgeblähten, bürokratischen Verwaltungsapparat, ausgeprägte Hierarchien, restriktive Budgets oder auch eine allgemeine Tendenz, Risiko zu vermeiden).

Zentrale Aufgabe des Entrepreneurial Marketing ist es damit, den Marketing-Mix derart kreativ zu gestalten, dass die Schwächen junger Unternehmen in Stärken gewandelt werden – Stärken, die gerade die Schwächen der etablierten Konkurrenz ausnutzen (◘ Tab. 1.1).

Für Unternehmensgründer ist es dabei wichtig, sich bewusst zu machen, dass ihre Hauptaufgabe im Zusammenhang mit dem Marketing darin besteht, den Fokus konsequent auf die Unternehmensentwicklung zu richten und dabei insbesondere auch zu berücksichtigen, dass je nach Entwicklungsfortschritt des Unternehmens spezifische Herausforderungen auf sie zukommen [1].

Dabei hilft es, die Perspektive entscheidend zu verschieben und die *Schwächen* unbeirrt *als Vorteile* zu interpretieren: Die Neuheit des Unternehmens sorgt dafür, dass es keine eingefahrenen Routinen gibt und deshalb flexibel auf Kundenbedürfnisse reagiert werden kann. Die geringe Größe geht gleichzeitig mit hoher Kundennähe einher und hilft folglich, diese Kundenbedürfnisse schneller als die etablierte Konkurrenz zu erkennen. Notwendige Entscheidungen können zügig getroffen werden, da das Unternehmen noch stark von der Person des Unternehmers geprägt wird und nicht durch Hierarchien und festgeschriebene Verfahrensweisen gelähmt ist. Und letztlich

◘ Tab. 1.1 Stärken und Schwächen junger Unternehmen (in Anlehnung an [8])

Schwächen von Gründungsunternehmen (Liabilities) …	… können zu Vorteilen werden …	…,die wiederum die Schwächen (Liabilities) von etablierten Unternehmen im Wettbewerb ausgleichen …
Neuheit	Flexibilität	Trägheit
Geringe Größe	Kundennähe	Verwaltungsapparat
Abhängigkeit vom Unternehmer	Geschwindigkeit	Hierarchien
Begrenzte Ressourcen	Innovativität	Budgets
Unsicherheit	Kreativität	Risikovermeidung

sorgen begrenzte materielle Ressourcen und die hohe Unsicherheit zu Beginn der Unternehmensentwicklung dafür, dass das Unternehmen zu *kreativen und innovativen Lösungen* auch und gerade im Marketing gezwungen wird – Lösungen, welche etablierte Unternehmen vielfach auf Grund ihrer hohen Abneigungen gegen Risiken verwerfen würden. Das Beispiel von Zalando macht deutlich, wie Entrepreneurial Marketing zum Erfolg beitragen kann.

Beispiel: Positionierung, Differenzierung und Branding am Beispiel Zalando
Die Positionierung einer Marke erfordert das Herausstellen von Stärken und Qualitäten, durch die sich das eigene Angebot in der Wahrnehmung eines bestimmten Zielsegments klar und positiv von den Angeboten der Wettbewerber unterscheidet. Für den Markenaufbau sind dabei grundsätzlich alle Instrumente geeignet, die zur Bildung einer eigenständigen und eindeutig unterscheidbaren Marke beitragen können. Branding im Rahmen des Entrepreneurial Marketing bedient sich dabei sowohl bestehender als auch innovativer Instrumente, um neuartige Positionierungs- und Differenzierungsstrategien umzusetzen. Die frühen Bemühungen des Berliner Unternehmens Zalando sind ein Beispiel für diesen Weg, die eigene Marke erfolgreich am Markt zu etablieren.
Seit seiner Gründung 2008 hat Zalando einen rigorosen Expansionskurs verfolgt und ist vom Online Damenschuhhändler mittlerweile zu einem multinational agierenden Online-Fashion-Anbieter herangewachsen. Zalando war unter den ersten Unternehmen, die damit begonnen haben, in Deutschland Schuhe ausschließlich über den Onlinekanal zu vertreiben. Aufgrund der emotionalen und haptischen Produkteigenschaften wurden Schuhe vor dem Markteintritt von Zalando als nur bedingt geeignet für den Online Verkauf angesehen und daher von Kunden insbesondere im stationären Handel gekauft.
Durch den reinen Online Vertrieb hatte Zalando zum Zeitpunkt des Markteintritts eine klar definierte Markt- und Wettbewerbsposition, die das junge Unternehmen dazu befä-

higte, sich von den bereits am Markt aktiven Wettbewerbern zu differenzieren. So konnte sich Zalando durch einen übersichtlichen und ansprechenden Webshop, eine Vielfalt an Markenschuhen sowie komfortable Checkout- und Bezahlprozessen deutlich von den traditionellen Versandhändlern differenzieren und auf diese Weise eine gleichermaßen web- wie modeaffine Zielgruppe gezielt ansprechen. Um sich jedoch erfolgreich am Markt zu etablieren, musste Zalando nicht nur Kunden ansprechen, die bislang bei Versandhändlern bestellt haben, sondern zeitgleich auch Kunden adressieren, die noch kaum Erfahrungen im eCommerce gesammelt haben und Schuhe bislang ausschließlich im stationären Handel gekauft haben.

Diese Hemmschwelle der Konsumenten zu senken, die Markenbekanntheit zu steigern und sich dabei von den Wettbewerbern zu differenzieren; diese Ziele liegen dem Markenaufbau von Zalando zugrunde. Zalando brach dabei mit im Markt vorherrschenden Konventionen, indem man den Kunden 100 Tage Rückgaberecht einräumte. So konnten Kunden ohne großes Risiko bestellen und dabei zeitglich erfahren, dass sie unverbindlich Schuhe nach Hause geschickt bekommen, um sie dann anzuprobieren und bei Nichtgefallen wieder zurück schicken zu können. Daneben betonte Zalando stets auch Service und Bequemlichkeit in seinen Marketingkampagnen. Diese Marketingbotschaften kommunizierte Zalando offensiv über Online und Offline-Kanäle. Insbesondere über die einprägsame Fernsehwerbung mit dem sog. „Zalando-Boten", durch die der Slogan „Schrei vor Glück" in den Köpfen der Zuseher verankert wurde, hat maßgeblich dazu beigetragen, dass das Unternehmen seine Markenbekanntheit in kürzester Zeit massiv steigern und sich dabei schrittweise am Markt etablieren konnte.

Wie das Beispiel von Zalando zeigt, ist eine klar definierte Markt- und Wettbewerbsposition eine Grundvoraussetzung für junge Unternehmen, um sich erfolgreich am Markt zu positionieren und zeitgleich das volle Potenzial des Markenaufbaus ausschöpfen zu können.

❯ **Auf den Punkt gebracht: Junge Unternehmen zeichnen sich durch eine Reihe von Schwächen im Vergleich zu ihren etablierten Konkurrenten aus. Diese werden in der Literatur häufig als ‚Liabilities' (d. h. Lasten) bezeichnet. Durch ein geschickt gesteuertes Entrepreneurial Marketing können diese Schwächen in Stärken gewendet werden und dazu beitragen, die weitere Unternehmensentwicklung positiv zu prägen.**

1.2 Warum überhaupt Entrepreneurial Marketing?

In der einfachsten Form besteht die Aufgabe von Unternehmern und Vermarktern im klassischen Marketing darin, die vier Komponenten des *Marketing-Mix* (Product, Place, Price, Promotion) im Zusammenhang zu betrachten und so zu gestalten, dass die Bedürfnisse der Zielkunden des Unternehmens getroffen werden. Dies muss dem Unternehmen selbstredend besser gelingen als dem Wettbewerb [8]. Die Erfahrungen junger Unternehmen haben jedoch gezeigt, dass ein allgemeingültiger Ansatz für das Marketing schlicht nicht existiert – insbesondere können nicht alle klassischen Marketingprinzipien im Kontext junger Unternehmen greifen [3]. Auch sind viele mögliche Instrumente des klassischen Marketings aufgrund der besonderen Charakteristika junger Unternehmen (▶ Abschn. 1.1) in der Regel schlicht nicht einsetzbar (bspw. umfangreiche TV-Kampagnen).

Marketing für junge Unternehmen muss also angepasst oder gar komplett neu gedacht werden – ein „one size fits all"-Ansatz [7], d. h. ein Marketingansatz für alle Unternehmenstypen, junge wie alte, kleine wie große, führt nicht zu zufriedenstellenden Ergebnissen. Die weitgefasste *Definition des Marketings* nach der American Marketing Association (AMA) erkennt diese Problematik an und ist in ihrer aktuellen Variante so allumfassend formuliert, dass sie für etliche, über das klassische Verständnis hinausgehende Konzeptionen offen ist:

> » „Marketing ist eine organisationale Funktion und eine Kombination von Prozessen, die darauf abzielt, Kundenwert zu schaffen, zu kommunizieren und zu liefern, und auch die Kundenbeziehungen so zu gestalten, dass sie vorteilhaft für die Organisation und ihre jeweiligen Anspruchsgruppen sind (orig.: Marketing is an organizational function and a set of processes for creating, communicating and delivering value to customers and for managing customer relationships in ways that benefit the organization and its stakeholders)."[3]

Marketing ist folglich kontextabhängig und es ist wichtig zu wissen, dass sich der Kontext von jungen Unternehmen fortlaufend ändert [8], wenn sie sich über den Unternehmenslebenszyklus weiterentwickeln. Viele der existierenden Konzepte des klassischen Marketings lassen sich damit nur bedingt auf junge und kleine Unternehmen transferieren [4]: Marketing im unternehmerischen Kontext ist folglich etwas Besonderes.

Trotz der zunehmenden Bedeutung des Themas gerade auch in der akademischen Diskussion ist Entrepreneurial Marketing immer noch ein weitestgehend diffuser Begriff. Es gilt also herauszuarbeiten, was seine konkreten Besonderheiten sind, wozu es notwendig ist und was genau sein Gegenstand ist. In der Literatur finden sich dabei vor allem vier *grundsätzliche Themen* [4]. Autoren widmen sich hier zum einen den theoretischen Grundlagen des Entrepreneurial Marketing, untersuchen die Schnittstelle zwischen den beiden akademischen Disziplinen Unternehmertum (Entrepreneurship) und Marketing, beantworten Fragen rund um das Marketing in Gründungsunternehmen und kleinen und mittleren Unternehmen (KMU) oder aber betrachten Entrepreneurial Marketing sehr generell als eine Variante des Marketing, welche ganz grundsätzlich auf unternehmerischem Denken beruht. All diese verschiedenen Perspektiven haben Argumente für sich – die letzte Sichtweise ist jedoch die jüngste und aktuellste Perspektive auf das Phänomen. Sie hat sich innerhalb der akademischen

Diskussion als weitestgehend konsensfähig herausgestellt und ist damit auch die Sichtweise dieses Buchs. Grundsätzlich existieren zwei mögliche *Definitionsvarianten* des **Entrepreneurial Marketing**: Eine enge und eine weite Perspektive.

Das *enge Begriffsverständnis* des Entrepreneurial Marketing definiert das Phänomen vom Organisationstyp her und beschränkt sich auf Gründungs- und Wachstumsunternehmen. Demzufolge wird Entrepreneurial Marketing als Marketing in jungen Wachstumsunternehmen verstanden [2] und gilt einzig und allein für diese.

Kern dieses Begriffsverständnisses ist die unternehmerische Komponente. Entrepreneurial Marketing soll darauf abzielen, Gelegenheiten zum unternehmerischen Handeln nutzbar zu machen – und dies trotz der zahlreichen nachteiligen Besonderheiten von Gründungs- und Wachstumsunternehmen. Dass dies gelingen kann liegt daran, dass sich gerade junge Unternehmen durch ein überlegenes Verständnis der Bedürfnisse ihrer Kunden auszeichnen, Markttrends zügiger als andere Wettbewerber erkennen können und somit schneller und besser als die etablierte Konkurrenz in der Lage sind, eine geeignete Marktpositionierung einzunehmen [3]. Gleichzeitig geht jede Gelegenheit zum unternehmerischen Handeln mit großer Unsicherheit einher und macht den langfristigen Erfolg des Unternehmens fraglich. Nach dem engen Begriffsverständnis könnte folglich auch gesagt werden, dass Entrepreneurial Marketing „diejenige betriebswirtschaftliche Funktion [ist], deren Aufgabe es ist, die Unsicherheit in unternehmerischen Situationen wie der Gründungsphase zu kontrollieren"([8], S. 59).

Das *weite Begriffsverständnis* des Entrepreneurial Marketing bezieht sich demgegenüber weniger auf einen konkreten Unternehmenstyp und ist damit als eine spezifische Variante der Marketingphilosophie zu verstehen [2]. Die Betrachtung verschiedener Definitionen dieser Richtung (◘ Tab. 1.2) macht dabei deutlich, dass Entrepreneurial Marketing nicht zwingend von jungen Wachstumsunternehmen oder Gründungsunternehmen her verstanden werden muss.

Entscheidender sind Aspekte wie Proaktivität des Marketings, die Nutzung unternehmerischer Gelegenheiten, die geschickte Nutzung knapper Ressourcen und die Innovativität der Gestaltung von Kundenlösungen. In anderen Worten: Jegliches Marketing, dass sich zumindest gedanklich an den Anfang des Unternehmenslebenszyklus versetzt und danach strebt, angesichts großer Unsicherheit mit möglichst viel Kreativität Chancen zu nutzen, kann mit einigem Recht als unternehmerisch verstanden werden und verdient damit die Bezeichnung Entrepreneurial Marketing.

Durch das weite Begriffsverständnis wird dann auch deutlich, dass es keine klare Abgrenzung von klassischem und Entrepreneurial Marketing geben kann – zumindest nicht derart, dass die eine Form des Marketing lediglich in der Konzernwelt betrieben würde, während die andere Form nur in Gründungs- und Wachstumsunternehmen Platz hätte. Die strenge Unterscheidung von klassischem und Entrepreneurial Marketing ist eher als eine hilfreiche Abstraktion zu verstehen, die dazu nützlich ist, die beiden Konzepte von ihren jeweiligen Extremen her zu verstehen [8].

□ Tab. 1.2 Definitionen des Entrepreneurial Marketing (weites Begriffsverständnis)

Autor(en)	Definition
[1]	Entrepreneurial Marketing ist „das Verhalten eines Individuums und/oder einer Organisation, das/die sich eine Philosophie zu eigen macht, die etablierte Marktkonventionen durch einen Prozess der Entwicklung neuer Lösungen herausfordert (orig.: the behaviour exhibited by an individual and/or organisation which adopts a philosophy of challenging established market conventions during the process of developing new solutions)."
[9], S. 5.	Entrepreneurial Marketing ist „das proaktive Identifizieren und Nutzen von Gelegenheiten, neue, profitable Kunden zu gewinnen und zu halten, indem innovative Herangehensweisen an das Management von Risiken, das Hebeln von Ressourcen und die Schöpfung von Wert eingesetzt werden (orig.: the proactive identification and exploitation of opportunities for acquiring and retaining profitable customers through innovative approaches to risk management, resource leveraging and value creation)."
[10], S. 18.	„[Entrepreneurial Marketing] versteht sich als proaktives Marketing [… und will] Marktkonventionen ändern."
[10], S. 18.	Entrepreneurial Marketing ist die proaktive Identifikation und Nutzung von unternehmerischen Gelegenheiten durch „innovative, risikobehaftete, nicht-lineare und visionäre Marketingaktionen."
[9], S. 5	„Entrepreneurial Marketing ist mehr als einfach nur die Untersuchung der Rolle des Marketings im Unternehmertum oder des Unternehmertums im Marketing. Es beinhaltet eine Verlagerung weg vom Verständnis des Begriffs ‚unternehmerisch' als einem Adjektiv (wie bspw. unternehmerischer Vertrieb oder unternehmerischer Kunde), oder als den Marketingbemühungen einer unternehmerischen Firma (bspw. einem Hochtechnologieunternehmen, einer Unternehmensgründung oder einem KMU) hin zum Entrepreneurial Marketing als einem zentralen Konzept, das die beiden Disziplinen Marketing und Unternehmertum integriert. Es steht für einen alternativen Ansatz des Marketings unter bestimmten Bedingungen (orig.: EM is more than simply an examination of the role of marketing in entrepreneurship or the role of entrepreneurship in marketing. It entails a shift from the use of the word ‚entrepreneurial' as an adjective (i. e. entrepreneurial sales management or entrepreneurial consumer) […], or as the marketing efforts of an entrepreneurial company (e. g., a high tech, start-up or small firm) to EM as a central concept that integrates the two disciplines of marketing and entrepreneurship. It represents an alternative approach to marketing under certain conditions."

> **Merke!**
>
> Entrepreneurial Marketing ist außerordentlich kreatives Marketing im Angesicht deutlicher Unsicherheit über neue und unbekannte Märkte und Kunden.

Das Konzept hat vor diesem Hintergrund nicht nur eine organisationale, sondern vor allem auch eine soziale und persönliche Komponente [3]. Das enge Begriffsverständnis macht deutlich, dass Entrepreneurial Marketing stark vom Unternehmer selbst abhängig ist – im weiten Begriffsverständnis wird dann jede Person im Unternehmen gleich welcher Größe berücksichtigt und in die Verantwortung genommen, die unternehmerisch denkt oder von der dies erwartet wird.

▶ Auf den Punkt gebracht: Nicht alle Prinzipien des klassischen Marketings greifen bei Gründungs- und Wachstumsunternehmen. Entrepreneurial Marketing befasst sich vor diesem Hintergrund mit den Besonderheiten des Marketings in solchen jungen Unternehmen (enges Begriffsverständnis), zeigt aber auch, wie nicht nur Unternehmer, sondern auch unternehmerisch denkende Personen unabhängig vom Unternehmenstyp von einer Marketingphilosophie profitieren können (weites Begriffsverständnis), die Proaktivität, Innovativität und das Nutzen von unternehmerischen Gelegenheiten trotz Unsicherheit in den Vordergrund stellen.

Der *Nutzen* des Entrepreneurial Marketing ist dabei durchaus vielfältig. Für junge Unternehmen sorgt es dafür, ein mögliches Scheitern zu verhindern [1] oder zumindest weniger wahrscheinlich zu machen. Oftmals haben gerade Unternehmensgründer eine verzerrte Wahrnehmung ihrer Gründungsidee und halten sich unbewusst davon zurück, ein tiefes Verständnis des Marktes aufzubauen [3] – denn das Marktverständnis könnte die Gründungsidee entwerten und zeigen, dass diese grundsätzlich nicht umsetzbar ist. Ohne Marketing hängt der Gründer dann zulange an einer nicht marktfähigen Idee fest und vergibt sich so auch die Chance, Zeit und knappe Ressourcen in die Umsetzung einer wirklich tragfähigen Idee zu investieren. Es ist daher bedeutend, das Marketing von Beginn an professionell zu gestalten und den Umständen entsprechend einzusetzen – nur so kann Scheitern verhindert bzw. dafür gesorgt werden, dass eine Gründungsidee zumindest schnell scheitert, ohne dass zu viele Ressourcen fehlgeleitet werden.

Gleichzeitig hat sich auch empirisch gezeigt [11], dass eine unternehmerische und proaktive Herangehensweise an das Marketing nicht nur erfolgswirksam ist, wenn die Ressourcen eines Unternehmens knapp sind (wie es in der Gründungssituation der Fall ist), sondern auch dann, wenn sich die Umgebung eines Unternehmens als besonders turbulent und dynamisch herausstellt [8]. Immer dann, wenn sich neue Technologien durchsetzen, neue Wettbewerber den Markt betreten, alte und bekannte Wettbewerber ihr Verhalten einschneidend ändern – immer dann entstehen Situationen, die als bedrohlich wahrgenommen werden können, von unternehmerisch Denkenden aber mit einigem Recht als Gelegenheit interpretiert werden. Letzten Endes dient Entrepreneurial Marketing daher dazu, *Unternehmenswachstum* zu generieren – sei es, weil ein junges Unternehmen aus den unsicheren Anfängen herauswachsen muss, sei es, weil ein etabliertes Unternehmen sich angesichts externer Entwicklungen oder knapper Budgets neu erfinden muss. Dass Entrepreneurial Marketing nicht nur essentiell für Gründungsunternehmen ist, sondern auch eine interessante Möglichkeit zur Weiterentwicklung des Marketings von etablierten Unternehmen darstellt, zeigt das folgende Beispiel der Deutschen Telekom.

Beispiel: Marketing Transformation – Vom Marketing zum Entrepreneurial Marketing am Beispiel der Deutschen Telekom AG

Im Jahr 2006 sah sich die Deutsche Telekom AG als eines der größten Dienstleistungsunternehmen in der Telekommunikationsbranche weltweit mit erheblichen Rückgängen in ihrem Kerngeschäft für Festnetz- und Breitbandanschlüsse konfrontiert. Als Reaktion darauf wurde 2007 die Trendwende mit Hilfe einer neuen Unternehmensstrategie eingeleitet, die in erheblichem Maße von einer neuen Marken- und Marketingstrategie geprägt war.

Ziel der Marketingstrategie war es, einen ganzheitlichen Marketingansatz zu entwickeln, der sich quer durch alle Marken und Produkte der Deutschen Telekom hindurchzieht, um damit bei bestehenden und neuen Kunden einen hohen Wiedererkennungswert der Unternehmensmarke zu erreichen. Dabei wurden erstmalig spezifische Zielgruppen gebildet und das Angebotsportfolio sowie sämtliche Vertriebsprozesse konsequent an den individuellen Kundenbedürfnissen ausgerichtet.

Als zusätzliche Herausforderung mussten die Marketingverantwortlichen der Deutschen Telekom mit 44 % weniger Marketingbudget als bisher auskommen, da die Konzernführung ein Sparprogramm verordnet hatte. Dementsprechend sah sich die Marketingabteilung gezwungen, aufgrund der nun begrenzten Möglichkeiten und Mittel mehr Kreativität zu wagen und neue unkonventionelle Wege im Marketing zu gehen. So baute man auf aktuelle Trends und damit auf neue Möglichkeiten, mit denen sich trotz verhältnismäßig geringem Einsatz große Wirkungen erzielen lassen konnten.

Im Sommer 2008 startete die Deutsche Telekom eine neue Kampagne mit dem Motto „Erleben was verbindet" (engl. Life's for sharing) und machte den Weg frei für eine besonders emotionale Kundenansprache. Transportiert wurde diese Kampagne mit Hilfe von Maßnahmen, die sich aus dem Zusammenspiel verschiedener neuer Ansätze der noch jungen betriebswirtschaftlichen Teildisziplin des Entrepreneurial Marketing ergaben. So wurde bspw. das „Viral Marketing" durch die Deutsche Telekom gezielt eingesetzt, um eine möglichst dynamische und effektive Verbreitung der Botschaft zu provozieren. Aufgrund der gezielten emotionalen Ansprache wurde die Botschaft im Freundeskreis der Empfänger bewusst kommuniziert. Neben Viral Marketing wurde bei der Kampagne auch ganz gezielt „Buzz Marketing" betrieben, um eine möglichst hohe Aufmerksamkeit für die Marke zu erzeugen. So nutzte die Deutsche Telekom bspw. ungewöhnliche und kreative Inszenierungen (wie Flashmobs), um ihre Botschaft mit Hilfe der daran teilnehmenden Menschen in die Medien zu transportieren. Forciert wurde dies durch das „Community Marketing": So wurde mit Hilfe sozialer Netzwerke eine effiziente und schnelle Verbreitung viraler Videos über diese Inszenierungen erreicht. Bis heute werden Videos wie „T-Mobile Dance" oder „T-Mobile Welcome Back" auf der Online-Videoplattform YouTube millionenfach angesehen und weiterempfohlen.

Der Anwendungsverzicht des klassischen Marketings und stattdessen die Anwendung und das Zusammenspiel der Ansätze des Entrepreneurial Marketings leisteten einen erheblichen Beitrag zum Erfolg der neuen Marketingstrategie. Aufgrund der schwierigen Ausgangslage und der trotzdem erfolgten Zielerreichung bekam die Deutsche Telekom für ihre Leistung im Jahr 2010 den Deutschen Marketing-Preis verliehen.

1.3 Wie lässt sich Entrepreneurial Marketing konkretisieren?

Entrepreneurial Marketing ist ein Konzept, das stark vom Unternehmer oder einer unternehmerisch denkenden Person geprägt wird. Was aber genau macht eine solche unternehmerisch denkende Person, wenn sie Marketing betreibt? Stichwörter wie Flexibilität im Handeln, Innovativität der getroffenen Maßnahmen oder auch ganz grundsätzlich Proaktivität [4] geben einen guten ersten Eindruck. Das umfassendste Konzept findet sich jedoch mit den *sieben Bausteinen des Entrepreneurial Marketing*, welches von Morris et al. vorgeschlagen wurde [9]. Grundlegend an diesem Konzept ist es, dass kein Baustein ohne den anderen wirklich sinnvoll ist – alle zusammen müssen wie ein Uhrwerk ineinandergreifen, beeinflussen sich wechselseitig und tragen damit gemeinsam zum Erfolg des Entrepreneurial Marketing bei (◘ Abb. 1.1). Zusammen prägen diese Bausteine dann die Kultur des Unternehmens, die Taktiken im Tagesgeschäft und natürlich auch die grundlegende Strategie des Unternehmens.

Genauso wie unternehmerische Gelegenheiten der Kern und der Ausgangspunkt des Unternehmertums sind, stellen sie die Basis für das Entrepreneurial Marketing dar. Es zeichnet sich folglich durch einen *Opportunitätsfokus* aus. Unternehmerische Gelegenheiten aus Sicht des Entrepreneurial Marketing können dabei für bislang unbemerkte Marktpositionierungen stehen, die Quelle eines nachhaltigen Gewinnpotenzials sind. Das Unternehmen richtet folglich seine Strategien konsequent auf neue Angebote und neue Märkte aus, um seinen Möglichkeitsraum zu erweitern, setzt alternative und kreative Methoden ein, um diese Gelegenheiten zu nutzen und strebt danach, aus seinen Aktivitäten zügig zu lernen. Getragen werden diese Aktivitäten von einer Unternehmenskultur, die dem Neuen gegenüber extrem offen steht.

Dies gelingt dem Entrepreneurial Marketing nur dann, wenn die Unternehmensumwelt nicht als etwas Gegebenes hingenommen und akzeptiert wird und auch nicht als etwas, worauf man als Unternehmen nur zu reagieren hat oder woran man sich

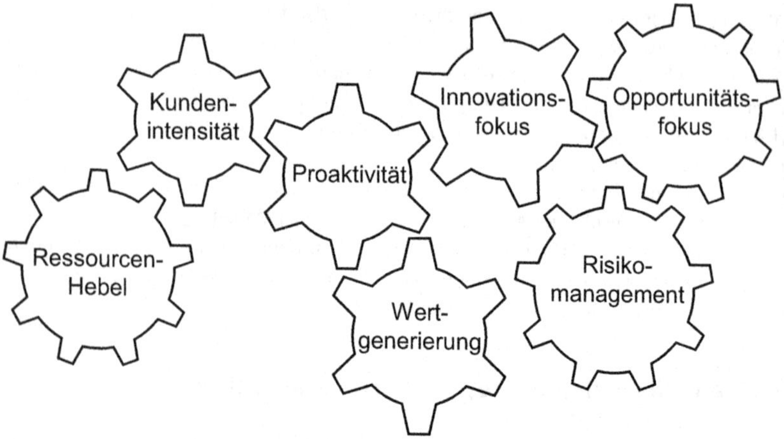

Abb. 1.1 Sieben Bausteine des Entrepreneurial Marketing (in Anlehnung an [9])

anpassen muss. *Proaktivität*, also ein initiatives Handeln, ist dazu unerlässlich. Aus strategischer Perspektive geht es daher darum, neue Marktpositionierungen zu identifizieren und Märkte und Kunden konsequent zu führen. Dazu experimentiert ein proaktives Entrepreneurial Marketing auch mit neuen und noch nicht bewährten Marketingansätzen (bspw. aus dem Guerilla- oder Viralmarketing – ▶ Abschn. 5.1). Möglich wird dies durch eine Unternehmenskultur, die Handlungsorientierung in den Fokus stellt, kritisches Hinterfragen von Standards und alten Gewohnheiten fördert und damit das Unternehmen als einen Ausganspunkt des Wandels betrachtet.

Zu diesem Wandel trägt das Ausrichten von Unternehmen und Marketing auf Innovationen entscheidend bei. Der *Innovationsfokus* im Entrepreneurial Marketing beruht dabei nicht allein auf Forschung und Entwicklung im Unternehmen, sondern hat seinen Ursprung auch und gerade im Marketing. Das Entrepreneurial Marketing definiert fortlaufend Produkte und Märkte neu und entwickelt Strategien zum Management eines Innovationsportfolios. Letzteres ist gerade für Gründungsunternehmen bedeutsam, die sich mittelfristig von ihrer ursprünglichen Geschäftsidee emanzipieren müssen und viel zu oft und viel zu lange lediglich als Ein-Produkt-Unternehmen agieren. Auf der taktischen Ebene wird also das Marketing des Unternehmens auch in die Entwicklung großer Innovationen frühzeitig eingebunden oder stößt diese sogar durch originale Ansätze zur Entwicklung neuer Produkte und Services an. Eine Innovationskultur, die neue und andere Lösungen fördert und einen Geist „gesunder" Unzufriedenheit mit dem Status quo propagiert, ist dazu hilfreich.

All dies gelingt, indem der Kunde in den Mittelpunkt der Bemühungen gestellt wird. Dies darf kein Lippenbekenntnis sein – Entrepreneurial Marketing zeichnet sich durch eine hohe *Kundenintensität* aus. Aus einer strategischen, übergeordneten Perspektive ist damit gemeint, dass Kunden sowohl in die Planung als auch in das Tagesgeschäft eingebunden werden. Erreicht wird dies über eine außerordentlich emotionale Komponente im Entrepreneurial Marketing. Taktisch zeigt sich diese Strategie dann in einem extrem kreativen Management der Kundenbeziehungen und einer ständigen Anpassung bei der Segmentierung der Zielmärkte und der zu bedienende Nischen des Unternehmens. Die Kultur des Unternehmens trägt dazu bei: eine Kultur, die Entrepreneurial Marketing fördert, zeichnet sich durch eine durchgängig hohe Leidenschaft für den Kunden aus – die Mitarbeiter übernehmen die Perspektive des Kunden und sehen sich eher als Agent des Kunden denn als Opponent.

Nicht zuletzt aus dem Innovationsfokus des Entrepreneurial Marketing folgt, dass etliche seiner Aktivitäten mit einem großen Risiko einhergehen. Adäquates *Risikomanagement* macht diese Problematik des Entrepreneurial Marketing handhabbar und sorgt dafür, dass Risiken kalkuliert und nicht unreflektiert übernommen werden. Aus strategischer Sicht wird dies erreicht durch das Anstreben eines innovativen Portfolios von Produkten, Dienstleitungen und Marketingmaßnahmen, die mit unterschiedlichen Risiken und unterschiedlichen Potenzialen verbunden sind und sich so gegenseitig ergänzen. Im Tagesgeschäft des Entrepreneurial Marketing dienen dann zügiges organisationales Lernen, Allianzen, Testmärkte, kontrollierte Versuche und das Einbinden von Lead Usern (d. h. denjenigen Kunden und Nutzern eines Angebots, die zukünftige Trends bestimmen) dazu, Risiken abzumildern. Die Unternehmenskultur zeichnet sich vor diesem Hintergrund durch eine hohe Fehlertoleranz aus, da allen Beteiligten bewusst ist, dass viele innovative Maßnahmen zwangsläufig im Scheitern resultieren werden – dass dieses Scheitern aber überkompensiert wird durch die Erfolge derjenigen innovativen Aktivitäten, die längerfristig Bestand haben.

Erreicht wird der Erfolg der innovativen Maßnahmen durch konsequente *Wertgenerierung* für den Kunden. Das Entrepreneurial Marketing gestaltet wertbasierte Strategien, die sich aus dem Kundenfokus und der großen Vertrautheit mit den Kunden herleiten und sucht auf der taktischen Ebene fortlaufend nach neuartigen Ursprüngen zur Schaffung von Kundennutzen in allen Elementen des Marketingmix. Die Kultur des Unternehmens stellt also nicht nur auf Opportunitäten und das Neue ab, sondern favorisiert konkreter neuartige Ursprünge von Wert, die überall in der Unternehmung ihren Ursprung haben können.

All diese Bausteine müssen in jungen Unternehmen vor dem Hintergrund außerordentlich begrenzter Mittel umgesetzt werden – wenngleich auch in etablierten Unternehmen oftmals Situationen eintreten können, in denen knappe Budgets die Möglichkeiten des Marketings beschneiden (vgl. das Beispiel der Deutschen Telekom ► Abschn. 1.2). Es gilt also, Wege zum *Hebeln der Ressourcen* zu identifizieren, das heißt, das Entrepreneurial Marketing muss mehr mit weniger schaffen. Diese Zielsetzung bestimmt strategische Fragen des Outsourcings und auch der Allianzen und fordert auf der taktischen Ebene, dass ungenutzte Ressourcen und Fähigkeiten genutzt werden und kreative Methoden der Vertragsgestaltung, des Tauschens, Teilens, Leihens und Mietens gefunden werden. Im Unternehmen herrscht eine kreative Kultur, die sich durch Einfallsreichtum auszeichnet und in der Marketingverantwortliche als Mittler in einem Netzwerk von Kompetenzen agieren, um auf diese Weise Ressourcen zu hebeln. Konkrete Ansätze hierzu finden sich mit Versuchen ([9], S. 8),

- Ressourcen stärker auszureizen als andere dies in der Vergangenheit getan haben,
- Verwendung für Ressourcen zu finden, bei denen andere bislang keinen Nutzen finden konnten,
- Verwendung von Ressourcen anderer Menschen oder Firmen möglich zu machen, um die eigenen Ziele zu erreichen,
- Ressourcen miteinander komplementär einzusetzen, um so einen höheren Wert zu schaffen, sowie
- Ressourcen zu verwenden, um andere Ressourcen zu erhalten.

> **Auf den Punkt gebracht:** Entrepreneurial Marketing setzt sich aus sieben Bausteinen zusammen: Opportunitätsfokus, Proaktivität, Innovationsfokus, Kundenintensität, Risikomanagement, Wertgenerierung und Hebeln von Ressourcen.

1.4 Lern-Kontrolle

Kurz und bündig

Im Gegensatz zu ihren etablierten Wettbewerbern sehen sich gerade junge Unternehmen einer Reihe von ‚Liabilities' (d. h. Lasten) ausgesetzt. Daher können nicht alle Mittel und Instrumente des klassischen Marketings deckungsgleich eingesetzt werden. Vielfach gelingt es jedoch, die Schwächen eines jungen Unternehmens durch Entrepreneurial Marketing in Stärken zu verwandeln. Aufgabe des Entrepreneurial Marketing ist es deshalb, geeignete Marketingmaßnahmen für junge Unternehmen zu identifizieren und umzusetzen (enges Begriffsverständnis), aber auch etablierten Unternehmen die Möglichkeit zu eröffnen, von jungen Unternehmen im Hinblick auf die Gestaltung des Marketings zu lernen (weites Begriffsverständnis). Das Entrepreneurial Marketing muss dazu das Unternehmen auf sieben Aspekte ausrichten: Opportunitätsfokus, Proaktivität, Innovationsfokus, Kundenintensität, Risikomanagement, Wertgenerierung und das Hebeln von Ressourcen.

❓ Let's check

1. Welchen Schwierigkeiten sehen sich junge Unternehmen im Vergleich zu ihren etablierten Wettbewerbern ausgesetzt?
2. Wie lassen sich die Schwierigkeiten junger Unternehmen im Zuge des Entrepreneurial Marketing zu ihrem Vorteil wenden?
3. Wie lässt sich Entrepreneurial Marketing definieren? Grenzen Sie das enge Begriffsverständnis vom weiten Begriffsverständnis ab.

❓ Vernetzende Aufgaben

1. Zeigen Sie, wie die sieben Bausteine des Entrepreneurial Marketing ineinander greifen. Finden Sie dann ein Beispiel (Internetrecherche, Tages- und Wirtschaftspresse) für eine Marketinginitiative, mit der es einem jungen Unternehmen gelungen ist, begrenzte Ressourcen extrem kreativ zu hebeln.

2. Wann macht Entrepreneurial Marketing auch in etablierten Unternehmen Sinn? Kennen Sie bekannte Kampagnen, die Sie als unternehmerisch einschätzen würden?

ℹ Lesen und Vertiefen

- Gruber, M. (2004). Entrepreneurial Marketing. *Die Betriebswirtschaft*, 64(1), 78–100.
- Mauer, R. / Grichnik, D. (2011): Dein Markt, das unbekannte Wesen: Zum Umgang mit Marktunsicherheit als Kern des Entrepreneurial Marketing. *Zeitschrift für Betriebswirtschaft*, 81(Special Issue Entrepreneurial Marketing): 59–82.
- Morris, M. H., Schindehutte, M. & LaForge, R. W. (2002). Entrepreneurial Marketing: A Construct for Integrating Emerging Entrepreneurship and Marketing Perspectives. *Journal of Marketing Theory & Practice*, 10(4), 1–19.

Literatur

1   Chaston, I. (2000). *Entrepreneurial Marketing. Competing by Challenging Conventions*. Basingstoke: Macmillan.

2   Gruber, M. (2004). Entrepreneurial Marketing. *Die Betriebswirtschaft, 64*(1), 78–100.

3   Hills, G. E., Hultman, C. M., & Miles, M. P. (2008). The Evolution and Development of Entrepreneurial Marketing. *Journal of Small Business Management, 46*(1), 99–112.

4   Kraus, S., Eggers, F., Harms, R., Hills, G. E., & Hultman, C. (2011). Diskussionslinien der Entrepreneurial Marketing-Forschung: Ergebnisse einer Zitationsanalyse. *Zeitschrift für Betriebswirtschaft, 81*(Special Issue 6), 27–58.

5   Kuckertz, A. (2006). *Der Beteiligungsprozess bei Wagniskapitalfinanzierungen. Eine informationsökonomische Analyse*. Wiesbaden: Deutscher Universitätsverlag.

6   Leung, A. (2003). Different Ties for Different Needs: Recruitment Practices of Entrepreneurial Firms at Different Developmental Phases. *Human Resource Management, 42*(4), 303–320.

7   Martin, D. M. (2009). The entrepreneurial marketing mix. *Qualitative Market Research. An International Journal, 12*(4), 391–403.

8   Mauer, R., & Grichnik, D. (2011). Dein Markt, das unbekannte Wesen: Zum Umgang mit Marktunsicherheit als Kern des Entrepreneurial Marketing. *Zeitschrift für Betriebswirtschaft, 81*(Special Issue 6), 59–82.

9   Morris, M. H., Schindehutte, M., & LaForge, R. W. (2002). Entrepreneurial Marketing: A Construct for Integrating Emerging Entrepreneurship and Marketing Perspectives. *Journal of Marketing Theory &amp Practice, 10*(4), 1–19.

10 Rößl, D., Kraus, S., Fink, M., & Harms, R. (2009). Entrepreneurial Marketing. Geringer Mitteleinsatz mit hoher Wirkung. *Marketing Review St. Gallen*, *1*, 18–22.

11 Schulte, R., & Eggers, F. (2010). Entrepreneurial Marketing and the Role of Information – Evidence from Young Service Ventures. *International Journal of Entrepreneurship and Innovation Management*, *10*(1), 56–74.

12 Stinchcombe, A. L. (1965). Social Structure and Organizations. In J. G. March (Hrsg.), *Handbook of Organizations*. Chicago: RandMcNally.

Märkte verstehen kontra neue Märkte schaffen

Andreas Kuckertz

A. Kuckertz, *Management: Entrepreneurial Marketing,* Studienwissen kompakt,
DOI 10.1007/978-3-658-08980-1_2, © Springer Fachmedien Wiesbaden 2015

Lern-Agenda

In diesem Kapitel werden Sie lernen,

— wie Marktforschung im Entrepreneurial Marketing geschickt eingesetzt werden kann und wo ihre Grenzen liegen,

— welche Bedeutung dem Schaffen vollkommen neuer Märkte durch Entrepreneurial Marketing zukommt,

— warum unternehmerische Gelegenheiten die Basis des Entrepreneurial Marketing sind und wie diese entdeckt, geschaffen und bewertet werden können.

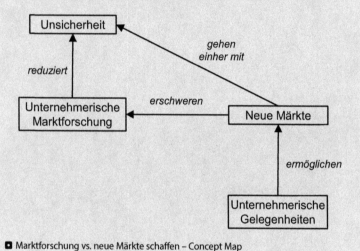

◘ Marktforschung vs. neue Märkte schaffen – Concept Map

2.1   Wie viel Sinn macht Marktforschung?

Kann Marktforschung überhaupt zum sinnvollen Instrumentarium des Entrepreneurial Marketing gerechnet werden? Man könnte leicht vermuten: Entweder sind Gründungs- und Wachstumsunternehmen so innovativ, dass die Marktforschung überhaupt keine verwertbaren Informationen über die mögliche Akzeptanz des innovativen Angebots liefern kann – oder aber, sie sind so klein und in ihren Mitteln derart limitiert, dass passable Marktforschung für das Unternehmen schlicht nicht bezahlbar ist. Es spricht zwar einiges dafür, sich auf den Standpunkt zu stellen, dass *Marktforschung* nur bei existierenden Märkten erfolgen könne [15] – sie wird damit zugegebenermaßen schwierig für innovative Unternehmen, ist aber für etliche Unternehmensgründungen dennoch nicht komplett unmöglich. Denn die Mehrzahl der jungen Unternehmen ist in bereits bestehenden Märkten aktiv (wie bspw. in der Gastronomie, im Handwerk, bei etlichen Dienstleistungen), die sich einer Analyse keineswegs entziehen – hier gilt es vielmehr angesichts der knappen Ressourcen die richtigen Fragen an die **unternehmerische Marktforschung** zu stellen, um das Maximum an verwertbarer *Information* zu heben. Zwar mag es Situationen geben, in denen es dermaßen schwierig ist, verlässliche Informationen zu sammeln, dass ein Unternehmer am besten auf Marktforschung verzichtet. Trotzdem existiert jedoch eine Reihe von Möglichkeiten, Maßnahmen des Entrepreneurial Marketing mit nützlichen Informationen zu stützen.

Im Kontext des Entrepreneurial Marketing bedeutet das: Große *Unsicherheit* über Märkte und Akzeptanz des Angebots lassen sich über zusätzliche Informationen wenn schon nicht abbauen, so zumindest doch ein entscheidendes Stück weit reduzieren. Das Entrepreneurial Marketing steht damit vor der Herausforderung, für die Marktforschung einen akzeptablen Mittelweg zu finden zwischen groß angelegten Forschungsprojekten, wie sie nur in etablierten Unternehmen möglich sind, und einer kompletten Verweigerung, den Markt verstehen zu wollen und am Ende bspw. Kundenbedürfnisse lediglich zu raten [18]. Die Erfahrung zeigt dabei: In der Regel existieren leider keine richtigen Antworten – wohl aber falsche. Und angesichts der Unsicherheit jeder unternehmerischen Aktivität gilt: Das Einholen jeder verlässlichen *Information*, die dazu dienen kann, Unsicherheit abzubauen, kann bereits als Marktforschung betrachtet werden – der Unternehmer handelt faktenbasiert und nicht aufgrund von Vermutungen [12].

> **Merke!**
>
> **Unternehmerische Marktforschung** ist das Sammeln jeglicher verlässlicher Information, die dazu dient, Unsicherheit über ein unternehmerisches Projekt abzubauen.

Auslöser für unternehmerische Marktforschung sind typische *Entscheidungsprobleme,* die zu Beginn jedes unternehmerischen Projekts unbedingt gelöst werden müssen, und bei denen jede noch so kleine Information außerordentlich nützlich sein kann. Dazu zählen Fragen wie die nachstehenden [18].

- Sollte das Unternehmen eine bestimmte unternehmerische Gelegenheit nutzen oder nach Alternativen suchen?
- Wie groß ist das monetäre Potenzial einer bestimmten unternehmerischen Gelegenheit?
- Wie kann es gelingen, die Firma bestmöglich im Markt zu positionieren?
- Ist es sinnvoll, in den gleichen Medien Werbung zu schalten wie der Wettbewerb oder existieren effizientere Kommunikationskanäle, um die Kunden zu erreichen?

- Wer sind mögliche Frühadaptoren, die aufgrund ihrer Offenheit für Neues und ihrer geringen Preissensitivität über die ersten Marketingmaßnahmen angesprochen werden sollten?
- Wie sollten die Preise gestaltet werden und sollten diese Preise beispielsweise je nach Kundengruppe differenziert werden?
- Sollte ein eigener Vertrieb aufgebaut werden oder soll über Zwischenhändler verkauft werden?

Das Durchlaufen eines klassischen Marktforschungsprozesses kann zur Beantwortung dieser Fragen auch im Entrepreneurial Marketing durchaus dazu beitragen, interessante und verwertbare Informationen zu generieren. Voraussetzung dafür ist jedoch, dass man diesen klassischen *Marktforschungsprozess* mit erheblicher Kreativität und dem vollen Bewusstsein angeht, dass Zeit und monetäre Mittel begrenzt sind. Effektivität und Effizienz müssen in Einklang gebracht werden.

Oftmals sehen sich wirtschaftliche Entscheider und Unternehmer jedoch mit dem Umstand konfrontiert, dass Ergebnisse der klassischen Marktforschung nicht hilfreich genug sind, um ihnen wirklich fundierte Entscheidungen zu ermöglichen. Dies liegt daran, dass man im Zuge der Marktforschung leicht dazu neigen kann, jegliche verfügbare Information aus den verschiedensten Quellen einzusammeln und so einen undurchschaubaren, überdimensionierten Informationspool generiert. Um diesem Problem zu entgehen, ist es sinnvoll, den klassischen Marktforschungsprozess vom Ende her zu denken, ihn also vom gewünschten Ergebnis her zu betrachten [18]. Dazu gibt ☐ Abb. 2.1 einen Überblick.

Grundidee dieser Herangehensweise (Marktforschung rückwärts) ist es, unternehmerisch denkenden Personen zu helfen, sich auf das Wesentliche zu fokussieren. Der Prozess der rückwärts gedachten Marktforschung beginnt also mit der grundlegenden Frage an sich selbst, welche konkreten Daten in welcher Form aufbereitet wirklich dazu dienlich sein können, dass eine sinnvolle Entscheidung möglich wird. Konkret gesprochen: Wie soll die Information aussehen, damit ich entscheiden kann? Eine solche Herangehensweise ist außerordentlich nützlich, um zum Kern des Entscheidungsproblems zu gelangen und bietet sich vor allem dann an, wenn große Unsicherheiten im Raum stehen – wie es bei unternehmerischen Projekten regelmäßig der Fall ist.

Konkret gestaltet sich ein solcher rückwärts gedachter Marktforschungsprozess so, dass bereits zu Beginn eine *vorläufige Antwort* auf die interessierende Frage formuliert wird. Wenn es also bspw. gilt, das Unternehmen bestmöglich am Markt zu positionieren, so wird vorab vor dem Hintergrund der eigenen Erfahrung eine begründete Vermutung (,educated guess') aufgestellt, wie man sich in diesem bestimmten Markt prinzipiell positionieren könnte und nach welchen Kriterien eine solche Positionierung beschrieben werden könnte. Ein solcher Ausgangspunkt erlaubt es dann, im Zuge des Marktforschungsprozesses systematisch nicht relevante Informationen auszublenden, und bietet sofort einen Bezugspunkt, um beim Auffinden einer neuen

Aufbau

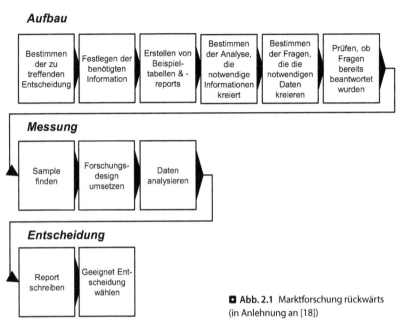

○ **Abb. 2.1** Marktforschung rückwärts (in Anlehnung an [18])

Information entscheiden zu können, ob diese die Ausgangslösung verändern würde oder aber auch stützt.

Dieser Fokus auf das Wesentliche erfordert von der unternehmerisch ausgerichteten Marktforschung erhebliche Kreativität. Die unternehmerische Marktforschung beruht dabei auf einem Bündel von Prinzipien, die den Einsatz bestimmter Mittel in konkreten Marktforschungsprojekten nahelegen (○ Tab. 2.1). Wichtigstes Ziel in der Anwendung dieser *Prinzipien* und *Mittel* ist die Verschiebung der Perspektive weg von klassischen Umfragen, der Konzentration auf Zahlen und der impliziten Annahme, Konsumenten würden rational handeln und könnten dem einen Markt erkundenden Unternehmer klar und bewusst kundtun, wo ihre tatsächlichen Bedürfnisse liegen.

Die *Prinzipien* der unternehmerischen Marktforschung eint, dass sie es dem Unternehmer ermöglichen sollen, möglichst kreativ an die Recherche heranzugehen. Oberstes Prinzip ist das Denken wie ein *Guerilla*. Diese martialische Metapher macht deutlich, dass der Marktforschende seinen etablierten Wettbewerbern systematisch unterlegen ist (asymmetrisches Verhältnis), aber durch geschickt platzierte, kreative Impulse dennoch mehr erreicht, als diejenigen, die alle verfügbaren Möglichkeiten ausschöpfen und so nicht ressourceneffizient agieren. Junge Unternehmer, die unter dem Deckmantel der Recherche für eine studentische Abschlussarbeit ihre potenziel-

◘ Tab. 2.1 Prinzipien und Mittel unternehmerischer Marktforschung [18]

Prinzipien		Mittel	
1.	Wie ein Guerilla denken	1.	Kunden direkt beobachten
2.	Die Umgebung nutzen	2.	Web-basierte Umfragen anlegen
3.	Einsichten im Gewöhnlichen finden	3.	Fokusgruppen analysieren
4.	Das Unbewusste erkunden	4.	Konsumentenpanel einrichten
5.	Forschung ins Tagesgeschäft einbauen	5.	Lead User befragen
6.	Technologie kreativ nutzen	6.	Snowballsampling durchführen
7.	Datenbanken anlegen/analysieren	7.	Archive durchsuchen
		8.	Weblogs beobachten
		9.	Einfache Experimente durchführen

len Wettbewerber befragen, handeln beispielsweise wie Guerillas – bei allen ethischen Bedenken, die man bezüglich einer solchen Vorgehensweise haben kann.

Auch gilt es, im Zuge der unternehmerischen Marktforschung die direkte *Umgebung* zu nutzen und *Einsichten im Gewöhnlichen* zu finden. Ein Gastronom, der die Lektüre seine Gäste registriert und in genau diesen Medien Werbung schaltet, nutzt die Umgebung genauso kreativ wie dasjenige Unternehmen, das seinen Einzugsbereich über die Kennzeichen auf seinem Kundenparkplatz ermittelt oder bspw. die Kindersitze in den Autos der Kunden zählt, um eine Meinung darüber zu gewinnen, ob sich spezielle Familienangebote lohnen könnten. Solche Vorgehensweisen dienen dazu, Einsichten im Gewöhnlichen zu gewinnen, sprich Muster zu erkennen. Zu solchen Mustern, die im Zuge der unternehmerischen Marktforschung gesucht werden, zählen [18]:

- Muster bezüglich der Zeitpunkte im Monat oder Jahr, an denen Kunden Aufträge erteilen,
- Muster bezüglich der Fragen, mit denen die Kunden an das Unternehmen herantreten,
- Muster bezüglich der Informationsquellen, die von den Kunden genutzt werden,
- Muster bezüglich der Beschwerden der Kunden oder der Rücksendungen/Rückläufe sowie
- Muster bezüglich der Charakteristika von Wiederholungskäufern als einer besonders interessanten Zielgruppe.

Und da es nicht primär darum geht, Umfragen und Zahlen über Marktforschung zu produzieren, ist jeder Mitarbeiter gefordert, auch im *Tagesgeschäft* wie ein Marktforscher zu agieren und Informationen über Kunden zu sammeln. Dabei gilt es, den Kunden nicht als durchweg rationalen Konsumenten zu betrachten, sondern das *Unbewusste* zu verstehen – was sich beispielsweise durch das Registrieren der Metaphern ergibt, die Kunden verwenden, wenn sie über das Unternehmen und sein Angebot sprechen. Und auch wenn es nicht hauptsächlich um Zahlen geht, so kommt dem Aufbau und der Pflege von *Datenbanken* und der kreativen Nutzung von *Technologien* eine besondere Rolle zu. Insbesondere Web-Startups [7] profitieren hiervon – datenbankgetriebene Geschäftsmodelle stellen den Kern des Web 2.0 dar und haben Unternehmensgründungen der jüngeren Vergangenheit, wie beispielsweise das zwischenzeitlich zum E-Commerce-Riesen gewachsene Zalando, erfolgreich gemacht.

Aus den Prinzipien der unternehmerischen Marktforschung ergibt sich, dass einige *Mittel* zur Umsetzung besser geeignet scheinen als andere. Mit den in ◘ Tab. 2.1 aufgeführten Mitteln finden sich insbesondere solche Maßnahmen, die sich durch eine hohe Effizienz auszeichnen und damit ausgesprochen ressourcenschonend sind. Kombiniert mit der Kreativität und gelegentlichen Unverfrorenheit der genannten Prinzipien entsteht so ein hochgradig wirkungsvolles Instrumentarium.

In der unternehmerischen Marktforschung werden Kunden möglichst *direkt beobachtet* anstelle sie zu befragen – etwa indem man ihr Verhalten und ihre Meinungen online in Diskussionsforen und Blogs verfolgt. Wenn Kunden dennoch befragt werden, so werden entweder Verfahren eingesetzt, die durch das Gespräch das Heben unbewusster Bedürfnisse ermöglichen (Analyse von *Fokusgruppen*), oder aber kostengünstige Varianten der quantitativen Analyse wie die Nutzung von Konsumentenpanels und die Umsetzung von *web-basierten Umfragen*. Letztere stellen seit den späten 1990er Jahren und mit der zunehmenden Verbreitung des Internets in der Bevölkerung eine interessante Option in der Marktforschung dar – ihre Kosteneffizienz darf jedoch nicht dazu verleiten, nachlässig und vorschnell Befragungen zu initiieren, da so die Gefahr der sinkenden Akzeptanz und einer steigenden Tendenz zur Verweigerung von Antworten entsteht [14].

Lead User, also Kunden, die Trends im Markt anführen, sind besonders vielversprechende Kandidaten der unternehmerischen Marktforschung – in vielen Fällen sind sie nur schwer zugänglich und nicht einfach zu identifizieren. Zu ihrer Identifikation lässt sich beispielsweise das sogenannte „*Snowballsampling*" einsetzen, das nicht mit einer repräsentativen Stichprobe aus einer bekannten Grundgesamtheit beginnt, sondern von einem bekannten Lead User Referenzen zu weiteren Lead Usern einfordert. Da diese in der Regel untereinander bekannt und vernetzt sind [13], wird die Stichprobe mit dem Fortschreiten der Recherche immer größer – ähnlich einem Schneeball, der von der Bergspitze herunter rollt und am Fuße des Berges als Lawine endet.

Ein weiterer Schlüssel zur Gestaltung der unternehmerischen Marktforschung findet sich mit dem Auffinden und Verwerten von Sekundärdaten in unternehmenseigenen und externen *Archiven*. Es sollen also bereits für andere Zwecke erhobene Information nochmals verwendet werden, da es durch diese gelingen kann, die extrem knappen Ressourcen eines unternehmerischen Projektes für das Entrepreneurial Marketing zu hebeln. Allerdings darf hier nicht mit der Erwartungshaltung gearbeitet werden, die eigene Frage wäre schon lange durch ein vorangegangenes Projekt beantwortet worden – das Potenzial der Sekundärdaten liegt eher in der geschickten und kreativen Kombination von bereits erhobenen Daten begründet, die so vollkommen neue Antworten liefern können und damit weit über ihren ursprünglichen Zweck hinaus Wert generieren. Einfache *Experimente* dienen ebenso dazu, schnell und effizient Informationen zu generieren.

> **▶** Auf den Punkt gebracht: Zur unternehmerischen Marktforschung zählt jegliche Methode, die dazu dient, Informationen zu generieren, um Unsicherheit über ein unternehmerisches Projekt zu reduzieren. Sie fokussiert sich auf das Wesentliche (Marktforschung rückwärts) und fußt auf Prinzipien, die Kreativität im Einsatz ressourcenschonender Mittel der Informationsbeschaffung möglich machen.

2.2 Wie können neue Märkte für innovative Angebote geschaffen werden?

Marktforschung im Entrepreneurial Marketing kann sinnvoll sein (▶ Abschn. 2.1). Oftmals entstehen neue Geschäftsmodelle jedoch fast ohne Informationen aus der Marktforschung. Eine solche Herangehensweise kann durchaus erfolgreich sein und manchmal sogar so weit gehen, dass vollkommen *neue Märkte* entstehen. Das Beispiel der Simpleshow, einem jungen Wachstumsunternehmen mit einer einzigartigen Gründungsidee, zeigt wie auch ohne ursprüngliche Marktforschung zu Beginn des Unternehmenslebenszyklus ein wachstumsstarkes und erfolgreiches Unternehmen entstehen kann.

Beispiel: Der Erfolg von Simpleshow – Unstrukturierter Zufall statt strukturierte Marktforschung

Marktforschung ist der natürliche Feind und Killer jeder Innovation, heißt es oftmals kritisch in der Kreativszene. Diese Aussage wird durch den Erfolg eines deutschen Startups gestützt, das sich innerhalb von wenigen Jahren von einer kleinen Kreativagentur zu einem etablierten Unternehmen mit knapp 120 Mitarbeitern und eigenen Büros in Berlin, London sowie Lizenznehmern in New York, Singapur und Tokyo entwickelt hat. Das Unternehmen aus Stuttgart heißt Simpleshow und erschuf im Jahr 2008 den Markt für Erklärvideos.

Doch diese rasante Entwicklung war anfänglich nicht geplant. In der Endphase des Studiums gründeten Jens Schmelzle, Adrian Thoma und Kai Blisch die Kreativagentur mit dem eigentlichen Ziel, Geld für das eigene Musiklabel zu verdienen. Das Gründerteam betont bis heute, dass die Simpleshow ein Produkt des Zufalls war bzw. die Idee nicht durch sie alleine, sondern erst im fortlaufenden Dialog mit ihren Kunden entstand. Mit Hilfe des Kundenfeedbacks wurde bei den individuell wirkenden Erklärvideos sukzessive die Komplexität reduziert und gleichzeitig ein standardisiertes Produktionsverfahren entwickelt.

Nachdem die ersten Kunden positiv auf die Erklärvideos reagierten, wurden weitere Unternehmen durch Mund-zu-Mund-Propaganda und über virales Marketing auf Online-Video-plattformen auf Simpleshow aufmerksam. Dieser Vorgang ergab eine solche Eigendynamik, dass heute alleine zwei Drittel der deutschen DAX30 Unternehmen auf die Dienstleistungen des Unternehmens zurückgreifen. Im Jahr 2011 lag nach eigenen Angaben der Umsatz bereits im mittleren siebenstelligen Bereich.

Dass die erhebliche Nachfrage auf dem Erklärvideo-Markt kein deutsches Phänomen ist, zeigen die jüngsten Entwicklungen von Simpleshow. Anfragen von internationalen Kunden fördern die Erweiterung des Produktportfolios und begünstigen die Expansion. Für das Jahr 2014 wird das Marktpotential allein in Deutschland (mit jährlichen Marktwachstums-raten von über 50 Prozent) bei 30 Mio. Euro gesehen.

Für die Realisierung des weltweiten Wachstumspotentials ist im Jahr 2013 ein japanischer Privatinvestor zur Finanzierung miteingestiegen. Mit seiner Unterstützung will Simpleshow zum internationalen Erklärstandard aufsteigen und zu dem Experten für Komplexitätsre-duktion werden. Hierfür wurde die Simpleshow Academy gegründet. Diese erfüllt zwei zentrale und synergiegetriebene Aufgaben. Einerseits werden durch die Akademie alle Mitarbeiter in dem Erklärstandard trainiert und zertifiziert. Andererseits beraten die Mitarbeiter der Simpleshow Führungskräfte in etablierten Unternehmen bei der Weiterbildung und wie man auch komplexe Sachverhalte einfach und schnell erklären kann.

Für den laufenden Erfolg wurde die Simpleshow 2011 u. a. mit dem Deutschen Preis für On-linekommunikation ausgezeichnet. Zudem ist die Simpleshow Finalist des „European Award for Technology Supported Learning 2014". Das Beispiel Simpleshow zeigt, dass oftmals Innovationen nicht über das Instrumentarium Marktforschung entdeckt werden, sondern erst in einem längeren iterativen Prozess auch durch Zufall entstehen und einen eigenen Markt schaffen können.

Märkte für innovative Angebote und die Unternehmen, die diese Märkte bedienen, müssen jedoch nicht allein zufällig, wie im Beispiel der Simpleshow, entstehen. Märkte reagieren nicht nur auf Wandel, in vielen Fällen stimulieren sie ihn auch [18] und Entrepreneurial Marketing kann *neue Märkte* mit voller Absicht aus dem Nichts schaf-fen [1]. Immer dann, wenn basierend auf gesellschaftlichem, kulturellem, technologi-schem oder anders geartetem Wandel ein innovatives Angebot bestehende Muster im Markt erfolgreich zerstört, entsteht zwangsläufig ein neuer Markt. Aber auch dann, wenn innovative Angebote erfolgreich eine bislang nicht existierende Nachfrage be-dienen, lässt sich von **Marktschaffung** sprechen.

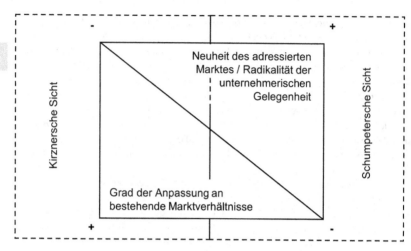

Abb. 2.2 Kirznersche vs. Schumpetersche Perspektive ([8])

Merke!

Marktschaffung heißt, durch innovative Angebote bestehende Märkte zu zerstören oder aber eine vollkommen neuartige Nachfrage zu generieren.

■ Abbildung 2.2 zeigt, dass im Entrepreneurial Marketing prinzipiell zwei Handlungsoptionen bestehen. Diese beiden Handlungsoptionen gehen zurück auf zwei große Vordenker der Wirtschaftswissenschaften und gerade auch der Entrepreneurshipforschung: Joseph A. Schumpeter und Israel M. Kirzner. Je nachdem, ob ein Unternehmer sich eher an bestehenden Marktverhältnissen [6] orientiert oder aber neue Märkte mit radikal neuen Angeboten adressiert [19] kann er als eher kirznerscher Unternehmer oder als eher schumpeterscher Unternehmer (kreativer Zerstörer) klassifiziert werden. D.h., kirznersche Unternehmer agieren eher *nachfrageseitig*, schumpetersche Unternehmer hingegen eher *angebotsorientiert*. Basierend auf bestehenden Märkten nachfrageseitig zu agieren entspricht folglich eher der klassischen Herangehensweise des Marketings, wohingegen die angebotsorientierte Vorgehensweise stärker mit dem Kern des unternehmerischen Gedankens einhergeht und mehr Innovativität und Wagemut erfordert – hier werden vollkommen neuartige Märkte bedient oder sogar vollständig neu geschaffen.

Ergebnissen der Marktforschung wird in diesem Zusammenhang nur wenig Bedeutung beigemessen. Der Prototyp des Unternehmers, Steve Jobs, hat es mit zahlreichen Produkten vorgemacht: Erst wird ein neues Angebot, wie beispielsweise im

Jahr 2007 das iPhone, entwickelt – danach wird der mögliche Absatz geklärt und wenn das Bedürfnis auf Seite der Kunden noch nicht erkannt ist, dann wird der Kunde dazu „erzogen", dieses Bedürfnis befriedigen zu wollen. In der Konsequenz ist ein neuer Markt entstanden, im genannten Beispielfall der Markt für Smartphones mit all seinen Potenzialen und abgeleiteten Produkten (Apps, Mobile Commerce, etc.), der das tagtägliche Leben der Nutzer einschneidend verändert und etliche innovative Geschäftsmodelle (▶ Kap. 4) ermöglicht hat (bspw. standortabhängige Dienstleistungen – Location Based Services).

Die kirznersche und die schumpetersche Perspektive resultieren aus der grundlegenden Definition eines Markts als dem Platz, an welchem Angebot und Nachfrage aufeinander treffen. Daher lassen sich Märkte aus eben diesen zwei Perspektiven nicht nur betrachten, sondern auch schaffen [1]. Je nachdem, welche Sichtweise eingenommen wird, können Märkte also entweder als eine Gruppe von Konsumenten mit gleichartigen Wünschen und Bedürfnissen verstanden werden (Nachfrageseite) oder als eine Gruppe von Produkten, welche dieselben Wünsche und Bedürfnisse befriedigen (Angebotsseite). Gelungen ist die **Marktschaffung**, wenn eine Konsumentengruppe mit einer neuen Kombination homogener Bedürfnisse und Wünsche identifiziert und auch bedient wird. Dabei scheint die angebotsseitige Vorgehensweise der Marktschaffung einer nachfrageseitigen Vorgehensweise vorzuziehen zu sein. Dies liegt in folgenden *Problemen* der nachfrageseitigen Marktschaffung begründet [1]:

- Die Annahme, Konsumenten seien hinreichend rational und könnten ihre Vorlieben und Bedürfnisse Unternehmen gegenüber eindeutig artikulieren ist erfahrungsgemäß nicht haltbar – wenn dies aber nicht möglich ist, dann kann das Entrepreneurial Marketing auch keine verlässlichen Antworten über das Angebot von nachfragekonformen Produkten und Dienstleistungen machen.
- Auch die Annahme einer nachfrageseitigen Vorgehensweise, dass Geschmäcker und Präferenzen der Kunden hinreichend stabil wären, ist in vielen Fällen nicht zu halten – längere Produktentwicklungszeiträume werden damit unmöglich.
- Ebenfalls setzt die begrenzte Rationalität der Entscheidungsträger im Unternehmen einer nachfrageseitigen Vorgehensweise Grenzen – selbst wenn Konsumente ihre Präferenzen eindeutig bekunden könnten und selbst wenn ihre Präferenzen ausreichend lange stabil wären, so darf immer noch nicht davon ausgegangen werden, dass die Ergebnisse der Marktforschung durch Unternehmer und Manager sinnvoll bewertet werden können und darauf aufbauend angemessene Entscheidungen zur Schaffung von Wettbewerbsvorteilen getroffen werden.

Die Lösung dieser Problematik findet sich mit einer *angebotsseitigen Vorgehensweise*. Die Nachfrage in einer bestimmten Größenordnung (oder auch ihre Nichtexistenz) ist vom Entrepreneurial Marketing nicht zwangsläufig als gesetzt und unveränder-

□ **Abb. 2.3** Dynamisches Modell der Marktschaffung [1]

lich hinzunehmen: „Der wirklich geschäftstüchtige Unternehmer akzeptiert – soweit wir es sehen können – Nachfrage oftmals nicht als gegeben, sondern betrachtet sie als etwas, von dem er gefordert ist, sie zu entwickeln (orig.: The really enterprising entrepreneur has not often, so far as we can see, taken demand as ‚given‘ but rather as something that he ought to be able to do something about)." [16] Im Grunde setzt er damit auf das Saysche Gesetz, das besagt, dass jedes Angebot seine eigene Nachfrage erzeugt.

Dies soll allerdings nicht bedeuten, dass eine angebotsseitige Vorgehensweise die Bedürfnisse der Kunden ignoriert oder naiv wenig durchdachte Angebote macht, in der Hoffnung, diese würden am Markt überleben. Das Beispiel des Nordic Walking verdeutlicht die Vorgehensweise: Kein Kunde (in diesem Fall Sportler) hätte vor Mitte der 1990er Jahre überhaupt das Bedürfnis nach veränderten Skistöcken mit einem besonderen Handschlaufensystem artikulieren können. Nachfrageseitig wäre der Markt für sämtliche Produkte und Dienstleistungen (bspw. Kurse, Trainerzertifizierungen, Reisen, etc.) rund um diese noch verhältnismäßig neue Sportart folglich niemals entstanden. Angebotsseitig wurde jedoch das Bedürfnis nach einer gesundheitsfördernden Sportart mit niedriger Eintrittsschwelle erkannt – die Konsequenzen sind bekannt und heute in jedem Stadtpark zu beobachten.

Das *dynamische Modell der Schaffung von Märkten* (□ Abb. 2.3) verdeutlicht, wie die schumpetersche und die kirznersche Sicht miteinander zusammenhängen und sich gegenseitig bedingen. Auch wenn es also attraktiver zu sein scheint, angebotsseitig zu agieren, wenn das Ziel in der Schaffung neuer Märkte besteht, so bedeutet dies nicht, dass eine nachfrageseitige Orientierung im Entrepreneurial Marketing ausgeschlossen wäre – aus einer übergeordneten, volkswirtschaftlichen Perspektive werden Marktakteure beider Couleur benötigt.

Das Modell berücksichtigt, ob die prinzipielle Haltung eines Unternehmers als eher *reaktiv* (vom Markt bestimmt) oder als eher *proaktiv* (den Markt bestimmend) beschrieben werden kann und stellt gleichzeitig die Frage, ob der Markt, auf welchem ein Unternehmen aktiv ist, sich im Gleichgewicht oder im Ungleichgewicht befindet. Wie Märkte entstehen und wie sie sich entwickeln, steht und fällt also mit proaktiven Unternehmen. Ein proaktives Unternehmen, welches in einem gesättigten und sich im Gleichgewicht befindenden Markt agiert, schafft unternehmerische Gelegenheiten und setzt damit den Markt ins Ungleichgewicht. Andere proaktive Unternehmen, die ihr Geschäft in eher turbulenten Umwelten betreiben und in ungleichgewichtigen Märkten agieren, haben dort die Möglichkeit, unternehmerische Gelegenheiten zu entdecken. Durch die Nutzung dieser Chancen setzen sie den Markt mittelfristig wieder ins Gleichgewicht.

Demgegenüber erhalten primär passive und reaktive Unternehmen in gleichgewichtigen Märkten tendenziell eher den Status quo – wenn sie sich aber in sich verändernden Märkten befinden, so verpassen sie unternehmerischer Gelegenheiten und gefährden damit ihre langfristige Existenz (Risiko, „das Boot zu verpassen" [3]). Derart entsteht eine nie enden wollende Entwicklung: Märkte, die von schumpeterschen, kreativ-zerstörerischen Unternehmern zeitweilig aus dem Gleichgewicht gebracht worden sind (woraufhin vollkommen neue Märkte entstehen), werden von kirznerschen Unternehmern anschließend wieder ins Gleichgewicht gesetzt, woraufhin dieses Gleichgewicht wiederum zerstört wird – eine unendliche Geschichte, in Gang gesetzt und am Laufen gehalten von proaktiven Marktteilnehmern.

Neue Märkte beruhen also auf *unternehmerischen Gelegenheiten* – diese machen den Kern des Unternehmertums [4] und auch des Entrepreneurial Marketing aus [18]. In ◘ Tab. 2.2 findet sich eine ganze Reihe herausragender Unternehmensgründungen, von Beginn des 20. Jahrhunderts bis heute, denen es gelungen ist, sich durch ein (zum Zeitpunkt ihrer Gründung) innovatives Angebot einen eigenen, neuen Markt zu schaffen.

Die in ◘ Tab. 2.2 aufgelisteten Unternehmen machen deutlich, welches Potenzial mit einer guten **unternehmerischen Gelegenheit** einhergeht. Infolgedessen haben sich etlichen Mythen und Halbwahrheiten rund um das Konzept entwickelt, weshalb es sich lohnt, diese genauer zu betrachten.

Merke! ─────────────────────────────────

Eine **unternehmerische Gelegenheit** entspricht einer Situation, die es erlaubt, neue Güter, Dienstleistungen, Materialien und Methoden einzuführen und zu verkaufen.

Tab. 2.2 Beispiele für durch Unternehmensgründer neu geschaffene Märkte [8]

Unternehmen	Gründer	Markt
Ford Motor Company (1903)	Henry Ford	Automobile als Massenprodukt
McDonald's (1955)	Ray Kroc	Fast Food Franchising
Atari (1972)	Nolan Bushnell und Ted Dabney	Computerspiele
Genentech (1976)	Herbert W. Boyer und Robert A. Swanson	Biotechnologie
Apple (1979)	Steve Jobs und Steve Wozniak	Personal Computer
Starbucks (1987)	Howard Schultz	Coffee Shop Franchising
Ebay (1995)	Pierre Omidyar	Online-Auktionen
DocMorris (2000)	Jacques Waterval und Ralf Däinghaus	Versand von Arzneimitteln (online)
Skype (2003)	Niklas Zennström und Janus Friis	Internettelefonie basierend auf Peer-to-Peer-Technologien
YouTube (2005)	Chad Hurley, Steve Chen und Jawed Carim	Internetvideoplattformen

Schindehutte et al. [18] erklären unternehmerische Gelegenheiten folgendermaßen: Eine unternehmerische Gelegenheit (auch marktliche Gelegenheit [5] oder neudeutsch Opportunity) entspricht der Option, Güter, Dienstleistungen, Materialien oder Methoden einzuführen und zu verkaufen – oftmals entsteht bei ihrer Nutzung einer neuer Markt. Dabei ist nicht jede Gelegenheit zum Handeln gleichzusetzen mit einer unternehmerischen Gelegenheit. Letztere geht immer mit einem ungewissen Ausgang einher (wird das Angebot letztlich wirklich vom Markt angenommen bzw. schafft es sich erfolgreich seinen Markt) und beinhaltet einen Akt der *neuartigen Wertschöpfung*. In der akademischen Literatur wird stark diskutiert, ob solche unternehmerischen Gelegenheiten objektiv vorhanden sind und entdeckt werden können oder aber ob sie von Unternehmern selbst geschaffen werden [2]. Auf welchen Standpunkt man sich auch immer stellt: unternehmerische Gelegenheiten resultieren i. d. R. aus wie auch immer gearteten Veränderungen – seien sie demographischer, kognitiver, das Wissen betreffender oder prozessualer Natur.

Dabei sind Ideen von unternehmerischen Gelegenheiten strikt zu trennen. Ideen für unternehmerisches Handeln fußen i. d. R. auf Problemen (bspw. Autos, die zu viel

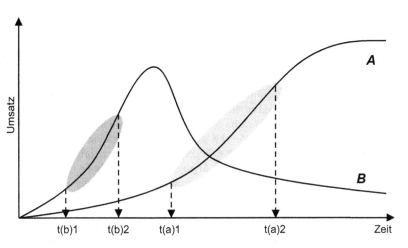

Abb. 2.4 Window of Opportunity (in Anlehnung an [18])

Benzin verbrauchen, Menschen, die sich übergewichtig fühlen) und können daher allenfalls die Grundlage einer unternehmerischen Gelegenheit sein. Denn nicht jedes Problem ist lösbar und selbst wenn es lösbar wäre, so kann nicht immer zwangsläufig davon ausgegangen werden, dass eine Zahlungsbereitschaft für die Lösung vorhanden wäre. In anderen Worten: Unternehmerische Gelegenheiten sind diejenigen Ideen, die sich bewährt haben – zumindest in der ersten Einschätzung des Unternehmers. Solche Ideen, die auch unternehmerische Gelegenheiten sind, sind attraktiv, passen zur Zeit, bestehen möglichst dauerhaft und können durch Entrepreneurial Marketing in ein konkretes Angebot für potenzielle Kunden übersetzt werden.

Abbildung 2.4 illustriert das Konzept des *„Window of Opportunity"*, vergleicht den potenziellen Umsatzverlauf zweier verschiedener unternehmerischer Gelegenheiten miteinander (Kurve A und Kurve B) und macht damit die Zeitabhängigkeit unternehmerischer Gelegenheiten klar. Grundsätzlich wird dabei davon ausgegangen, dass es einen zu frühen Zeitpunkt zur Nutzung einer unternehmerischen Gelegenheit gibt (d. h. vor t(b)1 bzw. vor t(a)1), zu dem keine ausreichende Akzeptanz vorhanden ist. Genauso gibt es Zeitpunkte, an welchem der Markt lange entstanden ist, zwischenzeitlich gesättigt wurde und es somit zu spät ist, die unternehmerische Gelegenheit zu nutzen (nach t(b)2 bzw. nach t(a)2). Je nachdem, wie die Marktentwicklung verläuft, ergeben sich unterschiedlich lange Zeiträume, in denen die Gelegenheit zum Einstieg besteht (graue Ellipsen in Abb. 2.4) – das sogenannte ‚Window of Opportunity'.

Unternehmerische Gelegenheiten werden von problembewussten Unternehmern entdeckt oder geschaffen, wenn ihr jeweils ganz spezifisches Vorwissen und ihre Interessen zur Gelegenheit passen. Außerordentlich förderlich ist es in diesem Zusammenhang, so früh wie möglich und so häufig wie möglich mit anderen Personen (d. h. dem eigenen Netzwerk [13]) in Kontakt zu treten und den Austausch zu suchen. Die sogenannte *unternehmerische Methode* (Effectuation) ist ein viel versprechender Ansatz [15], der verdeutlicht, welches Potenzial im Austausch mit anderen verborgen liegt. Anstatt Gelegenheiten zum unternehmerischen Handeln zu entdecken und dann zu nutzen, schaffen Unternehmer, die nach dieser Methode handeln, unternehmerische Gelegenheiten basierend auf ihren jeweiligen (Alltags-)Erfahrungen und ihren persönlichen Werten (ähnlich wie im genannten Beispiel der Simpleshow).

Die unternehmerische Methode schlägt dazu vor, mit einer allerersten, ursprünglichen unternehmerischen Gelegenheit zu beginnen und ein erstes, vorläufiges Angebot zu entwickeln. Im Weiteren steht dieses Angebot dann aber nicht fix im Sinne einer Planrealisierung, sondern wird stetig weiterentwickelt. Dazu tritt der Unternehmer in die Diskussion mit möglichst vielen verschiedenen Anspruchsgruppen (sog. Stakeholdern) und entwickelt mit diesen zusammen die Gelegenheit in einem iterativen Prozess weiter. Begründet liegt diese Vorgehensweise in dem Wissen um die Probleme der nachfrageseitigen Marktschaffung und die Unmöglichkeit, die Zukunft konkret zu prognostizieren. Durch den iterativen Prozess und das Stakeholderfeedback wird Zukunft (also Markterfolg) zwar nicht vorhersagbar, aber ein großes Stück weit kontrollierbar. Dies gilt zumindest dann, wenn der Unternehmer seine eigenen Kompetenzen klar identifiziert hat und im Vorfeld des Prozesses für sich einen maximal erträglichen Verlust definiert hat, dessen Erreichen dann als Abbruchkriterium gilt.

Zur Erhöhung der Wahrnehmung potenzieller unternehmerischer Gelegenheiten existieren bislang nur wenige konkrete Instrumente. Grundsätzlich kann empfohlen werden, schlicht und ergreifend einfach mit der Suche zu beginnen – wer bewusst nach unternehmerischen Gelegenheiten sucht, wird zwangsläufig auf immer bessere Handlungsoptionen stoßen. Dies ist zurückzuführen auf das *Korridorprinzip* („corridor principle" [17]), das besagt, dass allein aus den ersten Schritten, die in Richtung einer unternehmerischen Gelegenheit gegangen werden, weitere Opportunitäten entstehen, die anfänglich schlicht nicht wahrgenommen werden können. Das Bild des Korridors macht dies klar: Die Türen (sprich unternehmerischen Gelegenheiten), die am Ende eines langen Korridors liegen, sieht nur derjenigen, der den Korridor entlang geht und nicht derjenige, der am Anfang des Korridors stehen bleibt – denn möglicherweise verläuft der Korridor auch nicht geradlinig und die nächste Tür liegt außer Sicht hinter einer Ecke verborgen.

Zur *Einschätzung potenzieller unternehmerischer Gelegenheiten*, die sich aus dieser Vorgehensweise ergeben, existiert eine Reihe von Kriterien, die sich aus unternehmerischer Erfahrung begründet. Eine unternehmerische Gelegenheit ist immer dann attraktiv, wenn [18]

- sie massive, kundenseitige Probleme mindert,
- sie einen großen, wachsenden Markt adressiert (,Window of Opportunity', vgl.
  ▣ Abb. 2.4),

- sie von einem Team industrieerfahrener Experten realisiert wird,
- sie grundsätzlich machbar erscheint,
- sie mit möglichst geringen Kapitalanforderungen einhergeht,
- sie verspricht, zügig positive Cashflows zu generieren,
- sie deutliche Auszahlungen in der Zukunft ermöglicht,
- eindeutige Wettbewerbsvorteile (bspw. über Patente) geschaffen werden können und
- von Anfang an ein klar definierter Ausstieg möglich erscheint.

Diese Kriterien können prinzipiell an jede unternehmerische Gelegenheit angelegt werden; gerade die finanziellen Kriterien (geringe Kapitalanforderungen, positive Cashflows, etc.) würden jedoch dazu führen, dass einige interessante Hochpotenzialprojekte beispielsweise bei High-Tech-Gründungen [11] verworfen würden. Die Entscheidungskriterien von Wagniskapitalgebern (Venture Capital-Gesellschaften [10]) können hier einen Hinweis auf Attraktivität der unternehmerischen Gelegenheit geben. Venture Capital-Gesellschaften streben danach, die Unsicherheit über die Entwicklung einer unternehmerischen Gelegenheit möglichst weit zu reduzieren [9] und achten daher vor allem darauf, dass eine unternehmerische Gelegenheit [18]

- eindeutigen Wert beim Kunden oder Nutzer schafft oder erweitert,
- ein entscheidendes Problem löst oder aber Bedürfnisse bedient, für die jemand bereit ist, einen Aufpreis zu bezahlen,
- einen stabilen Markt und eine robuste Marge verspricht,
- zur Erfahrung und zum Hintergrund des Gründers oder des Gründerteams passt sowie
- mit einem ausgewogenen Verhältnis von Chance und Risiko einhergeht.

> ❯ **Auf den Punkt gebracht:** Märkte werden basierend auf einer attraktiven unternehmerischen Gelegenheit geschaffen. Dies kann angebots- und nachfrageseitig geschehen, wobei die angebotsseitige Vorgehensweise vorzuziehen ist. Die unternehmerische Methode ('Effectuation') ermöglicht es, dieses Ziel zwar nicht risikolos, aber kontrolliert anzugehen.

2.3 Lern-Kontrolle

Kurz und bündig

Unternehmerische Marktforschung soll dazu dienen, Unsicherheit abzubauen. Auch wenn ihr dies insbesondere angesichts großer Unsicherheit bei innovativen Vorhaben nie vollständig gelingen kann, so ist es dennoch sinnvoll, Informationen zu sammeln, die Unsicherheit potenziell reduzieren können. Die unternehmerische Marktforschung beruht vor diesem Hintergrund auf Prinzipien und Mitteln, welche helfen, sich auf das Wesentliche zu fokussieren (Marktforschung rückwärts), dabei Kreativität in der Informationsbeschaffung zulassen und die knappen Ressourcen eines unternehmerischen Projekts schonen.

Außerordentlich große Unsicherheit findet sich immer dann, wenn durch Entrepreneurial Marketing neue Märkte geschaffen werden sollen. Solche neuen Märkte werden von proaktiven Marktteilnehmern geschaffen, die bestehende Märkte bewusst ins Ungleichgewicht setzen und so eine neuartige Wertschöpfung möglich machen, die allerdings immer mit einem ungewissen Ausgang verbunden ist. Prinzipiell können Märkte angebots- und nachfrageseitig geschaffen werden, die angebotsseitige Vorgehensweise erscheint jedoch attraktiver und besser beherrschbar. Dabei kann die sogenannte unternehmerische Methode (‚Effectuation') hilfreich sein, das Ziel der Marktschaffung zwar nicht risikolos, aber kontrolliert anzugehen.

❷ Let's check

1. Erläutern Sie, wie durch den rückwärts gedachten Marktforschungsprozess eine Konzentration auf das Wesentliche in der unternehmerischen Marktforschung möglich wird.
2. Welche Möglichkeiten der Schaffung von Märkten bestehen und welche ist zu empfehlen?
3. Was ist eine unternehmerische Gelegenheit und wann ist diese attraktiv?

❷ Vernetzende Aufgaben

1. Ein Freund bittet Sie um Ihre Meinung, ob er ein mexikanisches Restaurant in der Fußgängerzone Ihrer Heimatstadt eröffnen soll. Schlagen Sie ihm einen Weg vor, wie er die Unsicherheit über den potenziellen Erfolg dieser Unternehmensgründung möglichst weit reduzieren kann.
2. Angenommen, Sie hätten eine radikal innovative Idee, die den kompletten Electronic Commerce überflüssig machen würde. Welche Möglichkeiten der Marktforschung bestehen in diesem Fall?

❶ Lesen und Vertiefen

– Darroch, J., Morrish, S. & Deacon, J. (2013). Market Creation as an Entrepreneurial Marketing Process. In Z. Sethna, R. Jones & P. Harrigan (Hrsg.), *Entrepreneurial Marketing: Global Perspectives* (S. 179–197). Bingley: Emerald.
– Eckhardt, J. & Shane, S. (2003). Opportunities and entrepreneurship. *Journal of Management, 29*(3), 333–349.
– Kollmann, T. & Kuckertz, A. (2015). Implikationen des Market-Based-View für das Entrepreneurial Marketing. In J. Freiling & T. Kollmann (Hrsg./2. Auflage), *Entrepreneurial Marketing. Besonderheiten, Aufgaben und Lösungsansätze für Gründungsunternehmen* (S. 51–65). Wiesbaden: Gabler.

Literatur

1   Darroch, J., Morrish, S., & Deacon, J. (2013). Market Creation as an Entrepreneurial Marketing Process. In Z. Sethna, R. Jones, & P. Harrigan (Hrsg.), *Entrepreneurial Marketing: Global Perspectives* (S. 179–197). Bingley: Emerald.

2   Alvarez, S. A., & Barney, J. (2007). Discovery and creation: Alternative theories of entrepreneurial action. *Strategic Entrepreneurship Journal, 1*(1–2), 11–26.

3   Dickson, P. R., & Giglierano, J. J. (1986). „Missing the Boat" and „Sinking the Boat": A Conceptual Model of Entrepreneurial Risk. *Journal of Marketing, 50,* 43–51.

4   Eckhardt, J., & Shane, S. (2003). Opportunities and entrepreneurship. *Journal of Management, 29*(3), 333–349.

5   Grichnik, D. (2006). Die Opportunity Map der internationalen Entrepreneurshipforschung: Zum Kern des interdisziplinären Forschungsprogramms. *Zeitschrift für Betriebswirtschaft, 76*(12), 1303–1333.

6   Kirzner, I. M. (1973). *Competition and Entrepreneurship.* Chicago: University of Chicago Press.

7   Kollmann, T. (2014). *E-Entrepreneurship: Grundlagen der Unternehmensgründung in der Net Economy* (5. Aufl.). Wiesbaden: Springer Gabler.

8   Kollmann, T., & Kuckertz, A. (2015). Implikationen des Market-Based-View für das Entrepreneurial Marketing. In J. Freiling, & T. Kollmann (Hrsg.), *Entrepreneurial Marketing. Besonderheiten, Aufgaben und Lösungsansätze für Gründungsunternehmen* (2. Aufl. S. 51–65). Wiesbaden: Gabler.

9   Kollmann, T., & Kuckertz, A. (2010). Evaluation uncertainty of venture capitalists' investment criteria. *Journal of Business Research, 63*(7), 741–747.

10 Kuckertz, A. (2006). *Der Beteiligungsprozess bei Wagniskapitalfinanzierungen. Eine informationsökonomische Analyse.* Wiesbaden: Deutscher Universitätsverlag.

11 Kuckertz, A. (2008). High-Tech-Entrepreneurship. In S. Kraus, & M. Fink (Hrsg.), *Entrepreneurship. Theorie und Fallstudien zu Gründungs-, Wachstums- und KMU-Management* (S. 109–120). Wien: facultas.wuv.

12 Kuckertz, A. (2012). Evidence-based Management – Mittel zur Überwindung der Kluft von akademischer Strenge und praktischer Relevanz? *Schmalenbachs Zeitschrift für betriebswirtschaftliche Forschung, 64*(), 679–703.

13 Kuckertz, A., & Berger, E. (2013). Entrepreneure und Netzwerke. *WISU – Das Wirtschaftsstudium, 42*(8–9), 1071–1075.

14 Kuckertz, A., & Lomberg, C. (2007). Möglichkeiten und Grenzen von Onlineerhebungsverfahren für Markt- und empirische Wirtschaftsforschung. *WiSt – Wirtschaftswissenschaftliches Studium, 36*(11), 483–488.

15 Mauer, R., & Grichnik, D. (2011). Dein Markt, das unbekannte Wesen: Zum Umgang mit Marktunsicherheit als Kern des Entrepreneurial Marketing. *Zeitschrift für Betriebswirtschaft, 81*(Special Issue 6), 59–82.

16 Penrose, E. (1959). *The Theory of the growth of the firm.* New York: Wiley.

17 Ronstadt, R. (1989). The corridor principle. *Journal of Business Venturing, 3*(1), 31–40.

18 Schindehutte, M., Morris, M., & Pitt, L. (2009). *Rethinking Marketing. The Entrepreneurial Imperative.* Upper Saddle River: Pearson Education.

19 Schumpeter, J. (1997). *Theorie der wirtschaftlichen Entwicklung: eine Untersuchung über Unternehmergewinn, Kapital, Kredit, Zins und den Konjunkturzyklus.* Berlin: Duncker/Humboldt. Unveränderter Nachdruck der 1934 erschienenen 4. Auflage

Entwicklung neuer Produkte und Services durch Entrepreneurial Marketing

Andreas Kuckertz

A. Kuckertz, *Management: Entrepreneurial Marketing,* Studienwissen kompakt,
DOI 10.1007/978-3-658-08980-1_3, © Springer Fachmedien Wiesbaden 2015

Lern-Agenda

In diesem Kapitel werden Sie lernen,

- wie sich der Produkt- und Serviceentwicklungsprozess in jungen Unternehmen von dem in etablierten Unternehmen unterscheidet,
- welche Bedeutung Konzepttests und der Lean Startup Ansatz haben, um erfolgreich und risikominimiert neue Produkte und Services zu entwickeln,
- wie neue Produkte und Services durch Entrepreneurial Marketing in den Markt eingeführt und das Angebotsportfolio weiterentwickelt werden können.

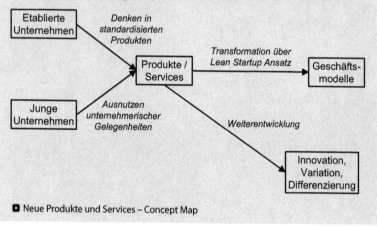

■ Neue Produkte und Services – Concept Map

3.1 Auf welche Besonderheiten ist bei der Entwicklung neuer Produkte und Services in jungen Unternehmen zu achten?

Eine als positiv und nutzbar bewertete unternehmerische Gelegenheit alleine ist niemals ausreichend für den Erfolg des Entrepreneurial Marketing – es gilt immer, diese Gelegenheit in Produkte oder Dienstleistungen (Services) zu überführen, für die Kunden bereit sind, zu bezahlen. Ob ein Unternehmen ein Produkt oder eine Dienstleistung entwickelt, ist jedoch in den seltensten Fällen eindeutig zu definieren. Wenn vom Kundennutzen her gedacht wird, so verschwimmen diese beiden Begriffe tendenziell ineinander.

Dies liegt begründet im Fokus auf die Leistung, die ein Angebot für Kunden erbringt. Grundsätzlich können Produkte als substanziell, erweitert oder generisch betrachtet werden [3]. Dabei ist

- nach dem *substanziellen Produktbegriff* ein Produkt lediglich als Kernprodukt zu verstehen, welches über physisch-technische Eigenschaften beschrieben werden kann,
- nach dem *erweiterten Produktbegriff* ein Produkt entweder als eine Kombination aus substanziellem Produkt und immateriellen Dienstleistungen zu betrachten oder aber auch als rein immaterielle Dienstleistung, und
- nach dem *generischen Produktbegriff* ein Produkt als eine Kombination aus materiellen und / oder immateriellen Komponenten zu verstehen, solange diese in ihrer Kombination Kundennutzen stiften.

Der generische Produktbegriff ist damit der umfassendste Begriff, der auch Aspekte wie Prestige, Geltung, oder Status berücksichtigen kann, die ein Kunde möglicherweise über das Angebot erwirbt [3]. Alle drei Produktvarianten erbringen selbstredend für Kunden eine Leistung, indem sie Nutzen stiften und Bedürfnisse befriedigen – in den meisten Fällen gilt es im Entrepreneurial Marketing jedoch, sich hin zu einem Angebot generischer Produkte zu entwickeln. Gerade dann wird es für Unternehmer ein ganzes Stück weit einfacher, Leistungsbündel zu entwickeln, die von Kunden als neu- und andersartig wahrgenommen werden und damit möglicherweise mit einem Wettbewerbsvorteil einhergehen.

Um solche Produkte zu entwickeln, folgen Unternehmer selten den rationalen und sequentiellen Prozessen der klassischen *Produktentwicklung* – vielmehr setzen sie sich ständig mit dem Markt, ihrer Vision und Möglichkeiten zu Verbesserung des ursprünglich angedachten Nutzenversprechens auseinander [8]. So entsteht ein Entwicklungsprozess, der oftmals durch Rückkopplungen und unklare Ziele geprägt ist – was sich jedoch nicht zwangsläufig als nachteilig erweisen muss (▶ Abschn. 3.2). Im Gegensatz zu etablierten Unternehmen starten junge Unternehmen eher selten mit standardisierten Produkten. Für sie gilt es, die anfangs wahrgenommene unternehmerische Gelegenheit (einerlei, ob diese auf Änderungen im Umfeld, auf neue Informationen oder auf Inkongruenzen zurückzuführen ist [5]) über einen Lernprozess zuerst in kundenindividuelle Angebote umzuformen, um darauf aufbauend standardisierte Angebote vorweisen zu können. ◘ Abbildung 3.1 stellt den Entwicklungsprozess in etablierten Unternehmen dem Entwicklungsprozess in jungen Unternehmen gegenüber.

Während in etablierten Unternehmen die Markteinführung neuer Produkte in der Regel das Ergebnis einer strategischen Herangehensweise ist, bei der eine Vielzahl von möglichen Produkten erarbeitet, evaluiert und auch verworfen wird, gilt es in jungen Unternehmen mit der Produktentwicklung einen *Lernprozess* in Gang zu setzen. D. h., basierend auf der unternehmerischen Gelegenheit werden erste Produktideen entwickelt, die dann in erste – und das ist entscheidend – kundenindividuelle Produkte umgesetzt werden. Die kundenindividuelle Herangehensweise erlaubt es, ohne groß angelegte Marktforschung (▶ Abschn. 2.1) einen detaillierten Überblick über die tat-

Produktentwicklung in etablierten Unternehmen	Produktentwicklung in jungen Unternehmen
Ideengenerierung (Herausarbeiten von Chancen und detaillierte Elaboration)	Erste Produktideen (Der Lernprozess wird angestoßen)
⬇	⬇
Evaluation der verschiedenen Ideen und Entscheidung für ein Konzept	Kundenindividuelle Produkte
⬇	⬇
Markteinführung des neuen Produktes	Standardisierte Produkte

☐ **Abb. 3.1** Produktentwicklungsprozesse in etablierten Unternehmen und in jungen Unternehmen (in Anlehnung an [8])

sächlichen Bedürfnisse der Kunden zu gewinnen, um so Misserfolge zu vermeiden. Erst wenn es gelungen ist, Kundenbedürfnisse individuell zu befriedigen, werden die Produkte in standardisierte Produkte verändert.

Lodish et al. [15] berichten vor diesem Hintergrund über die Ergebnisse einer Analyse von mehr als 30.000 Startups in den USA, die Hinweise darauf geben, unter welchen Bedingungen es jungen Unternehmen besser gelingt, ihr Angebot zu entwickeln und erfolgreich am Markt zu platzieren. Dabei zeigt sich, dass sowohl Produkt- als auch Marktcharakteristika die *Überlebenswahrscheinlichkeit* von jungen Unternehmen entscheidend prägen. Im ersten Schritt wurden dazu Variablen in drei Kategorien erhoben, die alle möglicherweise zum Erfolg beitragen können:

- Hinsichtlich des *Kundenverhaltens* wurde erhoben, wie häufig Kunden Käufe des jeweiligen Produktes tätigen, welche Bedeutung sie diesem Kauf beimessen und zu welchem Grad die Kunden- bzw. Distributionsseite sich durch Fragmentierung auszeichnet.
- Bezüglich der im Wettbewerb vorherrschenden *Marketingstrategien* wurde erhoben, ob eine Tendenz zur direkten Ansprache der Kunden (Pull Marketing) vorherrscht oder ob Kunden tendenziell eher indirekt, beispielsweise über den Großhandel (Push Marketing) angesprochen werden und inwieweit das junge Unternehmen von einzelnen Distributionskanälen abhängig ist.
- Im Hinblick auf die *Produktionsanforderungen* schließlich wurde erfasst, wie arbeits- und kapitalintensiv der Produktionsprozess ist, wie fähig und kompetent

die Mitarbeiter sein müssen, ob der Service anspruchsvoll zu sein hat und ob das Unternehmen eher Einzelanfertigungen als Massenanfertigungen erstellt.

Dabei zeigte sich, dass eine hohe Abhängigkeit von einzelnen Distributionskanälen, eine stark fragmentierte Kundenseite, Einzelanfertigungen und eine hohe, notwendige Mitarbeiterkompetenz signifikant negativ mit der Überlebenswahrscheinlichkeit verbunden sind, während unregelmäßige Käufe der Kunden und hohe Serviceanforderungen eine positive Wirkung entfalten. Als Konsequenz aus dieser Studie gilt es also, das Entrepreneurial Marketing auf Märkte zu konzentrieren, die sich zum einen *durch hohe Serviceanforderungen* auszeichnen, denn die Nähe der jungen Unternehmen zum Kunden (▶ Abschn. 1.1) sorgt dafür, dass sie diese Anforderungen mindestens genauso gut erfüllen können wie ihre etablierten Wettbewerber. Zum andern scheinen Produkte und Dienstleistungen vielversprechend zu sein, die Kunden nicht häufig erwerben (*geringe Kaufhäufigkeit*). Eine solche Situation ist gerade deswegen für junge Unternehmen attraktiv, da diese Rahmenbedingungen selbst in etablierten und gesättigten Märkten die Kunden vor die Herausforderung stellen, bei jedem Kauf neu reflektieren zu müssen, wohin und an wen der Auftrag eigentlich vergeben werden soll – es entsteht folglich leichter die Gelegenheit zum Markteintritt auch für unbekannte und noch nicht etablierte Unternehmen.

> ❯ Auf den Punkt gebracht: Produkt- und Serviceentwicklung im Entrepreneurial Marketing geht Hand in Hand. Gerade junge Unternehmen beginnen dabei eher mit kundenindividuellen als mit standardisierten Angeboten, um auf diese Weise vermehrt über Kundenbedürfnisse lernen zu können. Junge Unternehmen spielen dann insbesondere ihre Stärken aus, wenn sie ihr Angebot für Märkte entwickeln, die sich durch hohe Serviceanforderungen und eine geringe Kaufhäufigkeit auszeichnen.

3.2 Wie können Konzepttests und der Lean Startup Ansatz helfen, Produkte und Services zu entwickeln?

Das Entrepreneurial Marketing steht vor der Herausforderung, neue Produkte im Markt zu etablieren, für welche Marktforschung im klassischen Sinne nur sehr schwer umsetzbar ist und daher entsprechende Grenzen aufweist (▶ Abschn. 2.1). Das geht mit der Gefahr für den Unternehmer einher, sich zu lange mit nicht marktfähigen Angeboten zu beschäftigen [15] – insbesondere dann, wenn eine über längere Zeit gehegte und gepflegte Idee endlich angegangen wird und es möglicherweise schwierig wird zu akzeptieren, dass diese nicht erfolgreich umgesetzt werden kann. Denn viele Unternehmen werden basierend auf lediglich einer einzigen Produkt- oder Dienstleistungsidee gestartet (und nicht basierend auf einem Portfolio solcher Ideen), was dann dazu führen kann, Unternehmergeist und Einsatz für die Sache zu überziehen (‚*Escalation of Commitment*'). Um dies zu vermeiden, werden in diesem Abschnitt zwei verschiedene Herangehensweisen vorgestellt: Konzepttests und der Lean Startup Ansatz.

Konzepttests [15] machen dann Sinn, wenn sich das Entrepreneurial Marketing auf die eigenen Kompetenzen und Interessen fokussiert und von dort aus eine Vielzahl von Angebotsideen entwickelt. Die Berücksichtigung vieler Alternativen führt natürlich dazu, dass der (Planungs-)Aufwand steigt [16] – gleichzeitig entsteht so eine Vielzahl von Möglichkeiten, aus der dann die vielversprechendste Option ausgewählt werden kann. Konzepttests skizzieren diese grundsätzlichen Optionen und sind dazu geeignet, im Dialog mit potenziellen Kunden geprüft und weiterentwickelt zu werden.

> **Merke!**
>
> **Konzepttests** im Entrepreneurial Marketing skizzieren die wesentlichen Eigenschaften eines potenziell zu entwickelnden Produkts und sammeln kundenseitiges Feedback hinsichtlich der Bedürfniserfüllung, Akzeptanz und Zahlungsbereitschaft.

Konzepttests haben also die *Aufgabe* zu klären, ob Käufer oder Anwender eines Angebots die Produkt- bzw. Serviceidee grundsätzlich überhaupt verstehen und dabei das Gefühl haben, dass die Idee ein wichtiges Bedürfnis adressiert. Gleichzeitig kann über Konzepttests aufgedeckt werden, ob Kunden grundsätzlich willens sind, für das Angebot zu zahlen bzw. dieses zumindest zu nutzen. Die Vorteile solcher Konzepttests im Entrepreneurial Marketing sind dabei vielfältig [15]:

- Mögliche Produktfehler werden frühzeitig aufgedeckt und die Ressourcen werden begrenzt, die ansonsten möglicherweise aufgewendet werden würden, um eine Idee zu verfolgen, welche der Markt nicht als nützlich empfindet.
- Da Konzepttests mit vielen unterschiedlichen Ideen bzw. Ausprägungen einer Grundidee durchgeführt werden können, entsteht so die Möglichkeit, gute Ideen von schlechten Ideen zu trennen und das Entrepreneurial Marketing kann die begrenzten eigenen Mittel auf die Realisierung von Ideen richten, die der Markt augenscheinlich akzeptieren wird.
- Konzepttests können auch die Ideenfindung selbst positiv befruchten und Ideen für Verbesserungsmöglichkeiten aufzeigen, welche dazu führen, dass die Ursprungsidee aus Marktsicht als noch nützlicher eingestuft wird.
- Schließlich ergibt sich aus einem Konzepttest ebenfalls die Möglichkeit zur ersten, zurückhaltenden Abschätzung der Preis-Absatzfunktion.

Bei der Gestaltung von Konzepttests können fünf *Leitfragen* helfen, die zusammengenommen sicherstellen, dass der Einsatz des Konzepttests sinnvoll ausgestaltet wird [15]:

1. Welche Informationen müssen von den Testteilnehmern erhoben werden?
2. Wie sollte das Konzept formuliert sein?
3. Auf welchem Weg lassen sich Daten am sinnvollsten einsammeln?
4. Wer sollte mit dem Konzept konfrontiert werden?
5. Wie sollten die Fragen formuliert sein?

Konzepttests müssen vor diesem Hintergrund nicht auf dem Papier verbleiben – entsprechend umfangreiche Mittel vorausgesetzt, könnte auch ein ganzes Unternehmen als Konzepttest dienen. Wenn beispielsweise das inzwischen zum E-Commerce-Riesen im Bekleidungsbereich gewachsene deutsche Startups Zalando zuerst mit dem Anspruch antritt, Schuhe in den E-Commerce einzuführen und dazu einen kleinen, ursprünglichen Shop für Flip-Flops einrichtet [9], so wird über genau diese Vorgehensweise die Information generiert, die nötig ist, um die Ursprungsidee größer auszurollen. Umgekehrt wäre das Schaffen einer Landing Page, die als Ziel für Abfragen bei Suchmaschinen dient, ein minimaler Konzepttest, über den das grundsätzliche Interesse an einem neuen Produkt oder einer Dienstleistung ermittelt werden kann. Ein solcher minimaler Konzepttest im Internet kann auch dazu dienlich sein, Kontakte zu potenziellen Kunden zu sammeln, die dann beim Launch (▶ Abschn. 3.3) des neuen Angebots sofort angesprochen werden können.

Der **Lean Startup Ansatz** [18] überführt die Idee des Konzepttests in eine umfassende Herangehensweise zur Etablierung neuer unternehmerischer Initiativen, indem der unternehmerische Prozess als ein kontinuierlicher Konzepttest betrachtet wird. Ideengeber dieses Ansatzes zur Entwicklung neuer Produkte und Services (und ganzer Unternehmen rund um diese Produkte und Services herum) ist das aus Japan stammende Lean Manufacturing – ein bekannter und erfolgreicher Produktionsansatz, der darauf abstellt, soviel Überflüssiges wie nur irgend möglich im Produktionsprozess zu eliminieren. Dieses Prinzip wird auf das Entrepreneurial Marketing übertragen. Dabei ist es wichtig, aus dem Lean-Begriff ('Schlankheit') ausdrücklich nicht darauf zu schließen, dass es um das Einsparen von Kosten oder nur das zügige Abbrechen von nicht vielversprechenden Produktideen ginge. Der Lean Startup Ansatz baut vielmehr um sein grundlegendes Prinzip herum einen umfassenden Prozess, mit dem Teile eines Unternehmens oder auch ganze Unternehmen konsequent entwickelt und an den Kundenbedürfnissen ausgerichtet werden können.

Merke!

Lean Startup ist ein Ansatz zur Entwicklung von Produkten, Dienstleistungen und Unternehmen, der alle mit dem Entwicklungsprozess einhergehenden Aktivitäten möglichst ‚schlank' hält und darauf abzielt, so schnell und so viel wie möglich von Kunden und Nutzern zu lernen.

Für das Entrepreneurial Marketing bedeutet dieser Ansatz, dass die besten Innovationen im Produkt- und Dienstleistungsbereich eben diejenigen sind, für die es auch einen tatsächlichen Bedarf gibt [17]. Diesen Bedarf zu decken wird erreicht durch das extrem konsequente Einbinden der Kunden in den Entwicklungsprozess, wodurch vermieden wird, überflüssige Produkte zu entwickeln, für die kein Bedarf existiert oder geweckt werden kann. Dazu wird im Entwicklungsprozess auf außerordentliche *kurze Zykluszeiten* und zügiges *Kundenfeedback* gesetzt [18], um Chancen zu erkennen und kundenseitig vorhandene Bedürfnisse auch wirklich zu berücksichtigen.

Die Lean Startup Methodik kann also als ein Gegenentwurf zur traditionellen Geschäftsplanung (*Business Planning*) betrachtet werden. Anstatt ein Unternehmen und sein Entrepreneurial Marketing vorab komplett durchzuplanen bevor überhaupt nur ein Produkt erstellt wird, gilt es, sich so schnell wie möglich dem Markt und dessen Feedback auszusetzen. Denn die Erfahrung hat gezeigt: Auch wenn Businesspläne dazu dienen können, die zentralen Stellschrauben eines Geschäfts zu identifizieren, so überlebt die Planung nie den tatsächlichen Kontakt mit dem Kunden und muss immer als Fiktion gewertet werden [1]. Gerade junge Unternehmen können eben nicht auf eine ausgeprägte Historie zurückblicken (▶ Abschn. 1.1), die es ihren etablierten Konkurrenten zumindest in stabilen wirtschaftlichen Umfeldern ein Stück weit ermöglicht, die Zukunft zu prognostizieren. Ziel sollte es aus diesem Grund vielmehr sein, sich schnell von einem Fehlschlag zum nächsten zu bewegen, um so einen Lernprozess in Gang zu setzen, der nützliche Informationen über Angebot, Kunden und Markt generiert. Die Nützlichkeit dieser Vorgehensweise und Geisteshaltung ist auch empirisch belegt [4]: Wenn Planung im Entrepreneurial Marketing überhaupt Nutzen stiften kann, dann immer nur in Kombination mit Lernen.

Wer das Entrepreneurial Marketing über den Lean Startup Ansatz betreibt, verzichtet also weitestgehend auf Businesspläne (es sei denn, diese werden irgendwann im unternehmerischen Prozess beispielsweise von Investoren, wichtigen Lieferanten oder Geschäftskunden eingefordert) und vermeidet es auch, im sogenannten „Stealth Mode" zu operieren, also seine Angebotsentwicklung so zu betreiben, dass Konkurrenz und Kunden bis zum Launch nicht darüber informiert sind, wie letztlich das eigentliche Angebot ausgestaltet sein wird. Stattdessen werden zügig voll funktionsfähige Prototypen (das sogenannte Minimum Viable Product – **minimal funktionsfähiges**

Produkt (MFP)) freigegeben [1], da Kundenfeedback als wertvoller betrachtet wird als der Schutz der eigentlichen Produktidee.

Merke!

Das minimal funktionsfähige Produkt bezeichnet im Lean Startup Ansatz einen funktionstüchtigen Prototypen, der so schnell wie möglich realem Kundenfeedback zwecks Weiterentwicklung hin zu einem gangbaren Geschäftsmodell ausgesetzt wird.

Es geht also im Kern darum, *experimentelles Lernen* über Planen zu stellen, das Kundenfeedback mehr wertzuschätzen als die eigene Intuition (oder die von Experten) und große, aufwendige Vorabentwicklungen zugunsten einer iterativen Entwicklung aufzugeben [1]. Im Entwicklungsprozess soll schnell und kontinuierlich aus Fehlern gelernt werden ('Fail fast'-Maxime) und die eigene Intuition soll in Hypothesen übersetzt werden, die sich bewähren können, die sich aber eben auch als falsch herausstellen können. Der Lean Startup Ansatz ist damit ein experimenteller Ansatz:

» „Der Weg nach vorn sollte darin bestehen, jedes Startup in gleich welcher Branche als Experiment zu betrachten. Die Frage ist nicht: Kann ein Produkt entwickelt werden, sondern vielmehr: Sollte es entwickelt werden? Und: Können wir ein tragfähiges Geschäftsmodell auf diesem Produkt- und Dienstleistungsangebot aufbauen?" [18], S. 56.

Produktentwicklung nach den Maximen des Lean Startup Ansatz entspricht damit der Suche nach einem Geschäftsmodell – Business Planning demgegenüber adressiert eher die Umsetzung von Geschäftsmodellen [1]. Diese Suche wird begonnen mit dem MFP [18], welches dabei helfen soll, die Funktionalitäten des finalen Produkts nicht vorab am grünen Tisch zu skizzieren, sondern diese gemeinsam mit dem Kunden zu entdecken. Im Softwarebereich können dazu beispielsweise sogenannte „Wizard of Oz-Tests" eingesetzt werden, bei denen eine reale Person die Aufgaben übernimmt, die später eine noch nicht entwickelte Technologie leisten soll. Auf diese Weise lässt sich schnell feststellen, ob eine bestimmte Lösung von Nutzern akzeptiert wird oder nicht. Mit dem MFP wird dann ein Zyklus kontinuierlichen Lernens eingeleitet *(„Build-Measure-Learn")*, der vergleichbar mit dem wissenschaftlichen Forschungsprozess ist. Das Ziel des Build-Measure-Learn-Zyklus ist es, über inkrementelle Anpassungen am MFP stetig im Entwicklungsprozess fortzuschreiten und eine kontinuierliche Feedbackschleife zu schaffen [17]. Erfolg heißt bei dieser Vorgehensweise nicht, dass konkrete Ziele erreicht werden, sondern vielmehr, dass *validiertes Lernen* ermöglicht wird [18]. Die Feedbackschleife kann dabei auf einzelne Produktkomponenten, aber auch auf die vollständige unternehmerische Initiative angewandt werden. Produktverbesserungen werden dann sofort, je nach Möglichkeit teilweise sogar mehrmals täglich für die Kunden verfügbar gemacht (Continuous Deployment), wobei auch ein radikales *Umschwenken* (Pivot) realisiert werden kann, wenn sich herausstellt, dass die ursprünglichen Ideen nicht funktionsfähig sind. ◘ Tabelle 3.1 fasst vor diesem Hintergrund die zentralen Punkte des Lean Startup Ansatzes zusammen und grenzt diese Vorgehensweise von der traditionellen Produktentwicklung ab.

Kritisch an dieser schlanken Vorgehensweise der Entwicklung unternehmerischer Vorhaben könnte gesehen werden, dass sie der digitalen Ökonomie [13] entstammt und damit möglicherweise nur für Vorhaben in diesem Bereich nützlich sein könnte und dass der iterative, stark am Kunden orientierte Prozess dazu führen könnte, dass große, marktverändernde Entwürfe auf der Strecke bleiben. Da der Prozess jedoch nicht nur auf Unternehmen als Ganzes, sondern auch auf Teile eines Unternehmens bis hin zu kleineren Produktkomponenten angewendet werden kann [1], können durchaus auch Unternehmen der realen Ökonomie oder aber unternehmerische Initiativen in großen Konzernen hiervon profitieren. Und auch wenn eine extreme Kundenorientierung und funktionierende Produkte im Vordergrund stehen, so werden hierdurch radikal innovative Produkte nicht vollkommen unmöglich – wenn der Prozess auf einer hinreichend großen unternehmerischen Gelegenheit (▶ Abschn. 2.2) und Vision aufbaut, so sind auch große Ergebnisse trotz der kleinschrittigen Taktik denkbar.

> ❯❯ **Auf den Punkt gebracht:** Konzepttests und der Lean Startup Ansatz machen die Entwicklung innovativer Angebote des Entrepreneurial Marketing möglich. Schnelles Kundenfeedback und validiertes Lernen über den Build-Measure-Learn-Zyklus erlauben eine inkrementelle Angebotsentwicklung, die auch mit einem radikalen Umschwenken (Pivot) einhergehen kann.

3.3   Wie können Produkte und Services in den Markt eingeführt und weiterentwickelt werden?

Ganz gleich, ob Produkte nach dem Lean Startup Ansatz oder eher klassisch entwickelt werden – im Entrepreneurial Marketing gilt es immer, eine Entscheidung darüber zu treffen, wie der erstmalige Marktauftritt (*Markteintrittsstrategie* [5]) zu gestalten ist. Der Launch des Produktes (oder des ganzen Unternehmens) muss sich sinnvoll in eine Markteintrittsstrategie einfügen, die sich aus einer Analyse der aktuellen Situation und der Prognose zukünftiger Marktverhältnisse herleitet. Hieraus folgen anschließend die konkreten Ziele der Markterschließung. Diese können im Fall junger Unternehmen extrem unterschiedlich sein: Die Eröffnung eines neuen Online-Shops zielt vielleicht nur darauf ab, einen ausreichend großen Teil des Marktes für ein bestimmtes Konsumgut zu

◘ Tab. 3.1 Unterschiede des Lean Startup Ansatzes und der traditionellen Produktenwicklung [1]

Lean Startup	Traditionelle Produktentwicklung
Strategie	
Geschäftsmodell	Businessplan
Hypothesengetrieben	Umsetzungsfokus
Neuproduktprozess	
Kundenentwicklung	Produktmanagement
Hypothesen testen	Vorbereitung des Angebots an den Markt durch Abarbeiten eines linearen, Schritt-für-Schritt-Plans
Technische Entwicklung	
Agile Entwicklung	Agile Entwicklung oder Wasserfallmodell
Iterative und inkrementelle Produktentwicklung	Iterative Produktentwicklung oder vollständige Spezifizierung vor der Umsetzung
Organisation	
Kunden und agile Entwicklerteams	Funktionale Abteilungen
Personaleinstellung zwecks Lernen, Gewandtheit, Geschwindigkeit	Personaleinstellung zwecks Erfahrung und Realisierungskompetenz
Finanzielle Berichte	
Metriken mit hoher Relevanz	Buchhaltung
Kosten der Kundengewinnung, Kundenwert, Wachstum	GuV, Bilanzen, Cashflow
Fehlschläge	
Erwartet	Ausnahme
Werden durch Iteration bzw. komplettes Umschwenken (Pivot) repariert	Werden durch Entlassung der Verantwortlichen „repariert"
Geschwindigkeit	
Sehr schnell	Wird gemessen
Arbeit mit ausreichender Datenqualität	Arbeit mit möglichst vollständigen Daten

gewinnen – andere, eher innovative unternehmerische Vorhaben zielen möglicherweise auf globale Marktdominanz (wie aktuell beispielsweise die Angebote des Online-Vermittlungsdienstes Uber im Bereich der Personenbeförderung). Daraus leitet sich ab, welche Produkt-Markt-Kombination überhaupt bearbeitet werden soll, welche konkreten Instrumente hierzu eingesetzt werden können (▶ Kap. 5 bzw. ▶ Kap. 6), und vor allem zu welchem Zeitpunkt in den Markt eingetreten wird. Das Beispiel von FlixBus verdeutlicht, wie eine geschickte Wahl der Vertriebskanäle dazu dienen kann, Kunden zu erreichen.

Beispiel: Synergien nutzen und Kannibalisierungs-Effekte minimieren – Vertriebskanal-Erweiterung am Beispiel des Fernbusunternehmens FlixBus

Der gesamte Informations-, Güter- und Geldfluss vom und zum Kunden geht über den Vertrieb. Je mehr Vertriebskanäle ein Unternehmen anbietet, desto bequemer ist es für den Kunden, Leistungen zu beziehen. Aus Unternehmenssicht ist der Vertrieb über mehrere Kanäle jedoch mit Kosten verbunden und erhöht darüber hinaus auch die Komplexität des Vertriebssystems. Die erfolgreiche Aufnahme zusätzlicher Vertriebskanäle erfordert demzufolge eine genaue Abstimmung mit den bestehenden Kanälen, um Kannibalisierungs-Effekte zu minimieren und potenzielle Synergien voll auszuschöpfen. Wie das Beispiel des 2011 gegründeten Fernbusunternehmens FlixBus zeigt, ergeben sich aus dem Vertrieb der eigenen Leistungen auch enorme Chancen-Potenziale, die mittels Vertriebsstrategien im Rahmen des Entrepreneurial Marketing genutzt werden können.

FlixBus unterhält Fernbuslinien zwischen deutschen Großstädten. Das junge Unternehmen vermittelt Fahrgäste an lokale Busunternehmen, die eigenwirtschaftlich Fernbuslinien unter dem Markendach „FlixBus" betreiben. FlixBus hat sich, wie auch die anderen Fernbusunternehmen am Markt, als kostengünstige Alternative zu Bahn- bzw. Autofahrten und Flügen positioniert. Um den Kunden günstige Fahrten anbieten zu können, vertreibt FlixBus sein Angebot insbesondere über den Online Kanal. Dort können Kunden ihre Fahrten planen und über mehrere Bezahloptionen auch direkt buchen. Neben dem Online-Vertrieb ist FlixBus ebenfalls eine Kooperation mit dem Lebensmittel Discounter Lidl eingegangen, um sein Angebot auch „offline" verfügbar zu machen. Kunden können dort sogenannte Prepaidkarten für eine Fahrt zu einem fixen Preis erwerben.

Die Kanalerweiterung durch den Vertrieb von Busfahrten mittels Prepaidkarten über den stationären Handel erscheint ganz besonders geeignet dafür, Synergiepotenziale zu heben und dabei Kannibalisierungs-Effekte zu minimieren. Zunächst kaufen Kunden ihre Fahrten zwar „offline", aber eine tiefgehende Veränderung des Buchungssystems bleibt aus, da die Kunden weiterhin das Online-Buchungssystem nutzen müssen, um Fahrten zu buchen. Diesen Synergien stehen allerdings auch Kannibalisierungs-Effekte entgegen, da im Gegensatz zum Online-Vertrieb, der auf einem dynamischen Preissystem basiert (der Preis erhöht sich mit steigender Nachfrage), die Fahrten von Lidl zu einem Fixpreis angeboten werden. Gerade bei Fahrten, die stark nachgefragt werden, kann es dadurch zu Umsatzeinbußen kommen, sofern der Offline-Preis unter dem Online-Preis liegt. Diese Kannibalisierungs-Effekte werden jedoch durch die Werbewirkung und die damit verbundene Erschließung von zusätzlichem Kundenpotenzial minimiert. Lidl spricht besonders preissensitive Kunden an, die auch in die Zielgruppe von FlixBus fallen. Gerade für ein junges Unternehmen mit begrenztem Bekanntheitsgrad ist damit eine enorme Reichweitensteigerung verbunden. Daneben ist FlixBus

> ◘ **Tab. 3.2** Früher oder später Markteintritt mit innovativen Produkten und Services im Vergleich (in Anlehnung an [10])

Aspekte	Pro früher Markteintritt	Pro später Markteintritt
Unternehmens- potenzial	Pionier schafft sich hohe Reputation Nachhaltiges Lernen und frühe Lieferanten- und Vertriebsbindung Kostenvorteile	Kosten der „Markteröffnung" sind hoch und werden von Nachfolgern eingespart Technologischer Fortschritt macht Erstlösung obsolet
Kundenbeziehung	Hohe erwartete Kundenbindung hohe Effizienz beim Einsatz der Marketinginstrumente	Frühe Marktsituation völlig anders als spätere bei hohen Anpassungskosten an die veränderten Bedürfnisse
Konkurrenzbeziehung	Schwierige Imitation	Relativ kostenträchtiger Wettbewerb mit anderen Startups Geschwächte Pioniere werden durch Nachfolger verdrängt

als einziges Fernbusunternehmen bei Lidl vertreten, wodurch sich das Unternehmen von anderen Wettbewerbern differenzieren kann. Wie das Beispiel von FlixBus zeigt, erfordert die erfolgreiche Realisierung der Chancen-Potenziale im Vertrieb eine sorgfältige Abwägung der sich daraus ergebenden Synergien und Kannibalisierungs-Effekte.

Die Frage nach dem *Markteintrittszeitpunkt* ist gerade für innovative Unternehmensgründer essentiell – soll als Pionier ein Markt erschlossen werden oder überlässt man diese Aufgabe Wettbewerbern, um dann zeitversetzt von deren Vorarbeiten zu profitieren? ◘ Tabelle 3.2 stellt Argumente sowohl für einen frühen als auch für einen späten Markteintritt gegenüber. Daraus wird deutlich, dass keine allgemeingültige Antwort existiert. Beide Vorgehensweisen haben Stärken für sich – der frühe Markteintritt geht generell mit der Möglichkeit einher, sich einen entscheidenden Vorsprung vor dem Wettbewerb zu erarbeiten, der späte Markteintritt ist möglicherweise zu geringeren Kosten zu haben, da etliche Aufgaben der Markterschließung von den Pionieren übernommen worden sind.

Bringt man den Markteintrittszeitpunkt mit dem Konzept des Window of Opportunity (▶ Abschn. 2.2) zusammen, so lässt sich jedoch eine Empfehlung herleiten. ◘ Abbildung 3.2 zeigt ein zwischen t1 und t2 geöffnetes Window of Opportunity und unterscheidet zusätzlich den späten Markteintritt in frühe Folger und späte Folger. So werden nicht nur die Risiken des Pioniers deutlich (Markteintritt bei möglicherweise überhaupt nicht existierender unternehmerischer Gelegenheit) – und auch die Risiken des extrem späten Folgers. Man kann also sagen: Es gilt primär ein *extrem früher Folger*

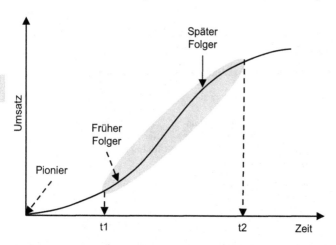

■ **Abb. 3.2** Pionier- und Folgerstrategie vor dem Hintergrund des „Window of Opportunity"

zu sein, der zu einem Zeitpunkt in den Markt tritt, der andeutet, dass sich zumindest tendenziell ein Window of Opportunity geöffnet hat.

Unabhängig vom Zeitpunkt des Markteintritts gilt es, diesen zeitig vorzubereiten – das Entrepreneurial Marketing benötigt eine *Launchstrategie*. Dabei gilt es in der Regel, früh über das eigene Vorhaben zu sprechen, den Markt, die Öffentlichkeit und entscheidende Anspruchsgruppen rechtzeitig einzubinden und nicht im Verborgenen zu arbeiten. Denn das Entwickeln eines neuen Unternehmens oder Produktes im sogenannten **„Stealth Mode"** geht mit einer Reihe von Nachteilen einher [6].

Merke!

Im **Stealth Mode** tarnt ein Unternehmen seinen wahren Zweck, spricht nicht über sein zu entwickelndes Angebot und zieht sich aus der Öffentlichkeit zurück, um sich so die Vorteile eines frühen Markteintritts (First-Mover-Advantage) zu sichern.

Erfahrungsgemäß geht das Arbeiten im Stealth Mode weniger mit Vorteilen einher, da so signifikante Ressourcen auf die Entwicklung von Angeboten gelenkt werden, die sich später, nach dem Markteintritt als nicht marktgängig herausstellen können. Dies liegt in der verringerten Qualität des marktseitigen Feedbacks begründet (da so naturgemäß mit weniger Parteien über das geplante Angebot gesprochen werden kann) und hat zur Folge, dass Unternehmen langsamer eine nachhaltige Passung zwischen Produkt und Markt erreichen [6].

Es gilt also vielmehr, von Anfang an über das Produkt zu sprechen und alle entscheidenden Parteien bestmöglich in den Produktlaunch einzubinden. Das Entrepreneurial Marketing kann hier genauso agieren, wie es die großen Hollywood-Studios für ihre Blockbuster seit Anfang der 1970er Jahre tun [7]. Zuerst wird die Öffentlichkeit darüber informiert, dass ein bekannter Regisseur Verträge für einen neuen Film unterzeichnet hat, dann werden Teile der Besetzung mit Schauspielern bekannt, möglicherweise erhalten Journalisten vorab Teile des Drehbuch, sodass sie darüber berichten können, erste Trailer erscheinen, Interviews werden gegeben und schließlich wird der Film im Rahmen einer groß angelegten Premiere der Öffentlichkeit vorgestellt. Eine solche Vorgehensweise zielt ganz konkret darauf ab, einen Spannungsbogen bis zur Einführung des Produktes aufzubauen, der dann in einem Höhepunkt kulminiert, der den Erfolg der Produkteinführung im besten Fall vom ersten Moment an sicherstellt. Unternehmen wie Apple, deren Kunden vor Apple Stores kampieren, sind Meister in dieser Verfahrensweise – durchführbar ist sie jedoch prinzipiell mit jeder Zielgruppe und jedem Unternehmenstyp. Junge Unternehmen nutzen hierzu insbesondere *soziale Medien* (▶ Abschn. 5.2), um ihre potenziellen Kunden mit einer guten Unternehmens- und/oder Produktgeschichte frühzeitig an sich zu binden. Blogs und das Aufbauen einer Launch Audience, d. h. signifikanten Mengen an Followern in den sozialen Medien, schüren das Interesse für das junge Unternehmen und halten dieses bis zur Markteinführung am Leben. Auch das **Crowdfunding** stellt eine Möglichkeit dar, im Vorfeld des Launches eine interessierte Öffentlichkeit aufzubauen und Aufmerksamkeit auf das Angebot des jungen Unternehmens zu lenken [2]. Dies alles erfolgt stets mit dem Ziel, den Kunden deutlich zu machen, dass sie ihren Kauf nicht verschieben sollen, sondern so früh wie möglich eine Kaufentscheidung zu treffen haben.

> **Merke!**
>
> **Crowdfunding** bezeichnet die Finanzierung eines jungen Unternehmens oder dessen Produktentwicklung durch eine Masse von verteilten Investoren, die eher kleinere Summen investieren und sich in der Regel durch ein großes Interesse bis hin zur starken emotionalen Bindung an das Unternehmen auszeichnen und daher auch für das Entrepreneurial Marketing mobilisiert werden können.

Dabei mag es je nach Angebot sinnvoll sein, sich nicht an die generelle Öffentlichkeit zu wenden, sondern gezielt die potenziellen Kunden im Entrepreneurial Marketing nach ihrer Bedeutung zu unterteilen und demgemäß anzusprechen. Gerade für junge Unternehmen, die in ihrer Produktentwicklung nahezu zwangsläufig Fehler machen werden, bietet es sich an, sich weniger an der klassischen Unterscheidung von Früh- und Spätadaptoren zu orientieren als vielmehr an weniger wichtigen und essentiellen Kunden (◘ Abb. 3.3). Arbeitet man diese in genau der Reihenfolge von weniger wichtig

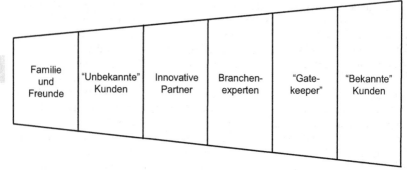

| Familie und Freunde | "Unbekannte" Kunden | Innovative Partner | Branchen-experten | "Gate-keeper" | "Bekannte" Kunden |

◘ Abb. 3.3 Kundentrichter des Launchprozesses nach [6]

zu wichtig ab, so ermöglicht dies ein Lernen aus Fehlern, ohne zentrale Kundengruppen dauerhaft zu verprellen [6]. Das Bild des *Kundentrichters* macht deutlich, dass der Umfang des Launchs zunächst sehr eng gesetzt wird und mit seinem Fortschreiten der Einfluss der angesprochenen Parteien / Kunden kontinuierlich wächst. So werden Fehlschläge im Kleinen möglich, die dann noch korrigiert werden können, ohne bedeutende Marketingbudgets in die falsche Richtung gelenkt zu haben.

Nach einem erfolgreichen Launch muss zügig über die *Weiterentwicklung* des jungen Unternehmens und seines Produktportfolios nachgedacht werden. Nach dem Lauch ist vor dem Launch [7] und empirische Studien haben in diesem Zusammenhang gezeigt, dass „die Schnellen die Langsamen fressen" [14]. D. h., gerade innovative junge Unternehmen beginnen etwa ein Jahr nach ihrem Start mit der Entwicklung weiterer innovativer Angebote. Je zügiger sie damit beginnen, desto höher ist ihre Innovationskraft und desto besser fällt der anschließende Unternehmenserfolg aus. Auch Investoren wissen dies [11] und konfrontieren einen Unternehmer, der beispielsweise mit den Ergebnissen eines Konzepttests (▶ Abschn. 3.2) an diese herantritt, oftmals mit Fragen nach den im Anschluss an eine erfolgreiche Markteinführung potenziell zu entwickelnden Angeboten. Kontinuierliche Weiterentwicklung ist folglich essentiell, die Gefahren eines Einproduktunternehmens, welches sich mit nur einem Angebot auf nur eine Kundengruppe fokussiert, sind unter allen Umständen zu vermeiden. Das Entrepreneurial Marketing muss aus diesem Grund auf das Management mehrerer innovativer, unternehmerischer Prozesse gerichtet sein [12]. Auch wenn dies mit großen Herausforderungen und Widersprüchen einhergeht, so müssen dennoch Exploration, also die Suche nach dem Neuen als Kern des Unternehmertums, und Exploitation, d. h. die bestmögliche und effiziente Ausnutzung bestehender Angebote, miteinander in Einklang gebracht werden [19]. Dazu existieren drei Möglichkeiten [10]:

1. Produktinnovation bezeichnet die Entwicklung eines vollkommen neuen Angebotes, das im besten Fall aber logisch an die ursprüngliche Produktidee anschließt.

Diese Möglichkeit ist die aufwendigste Option – kurze Produktlebenszyklen, häufige Veränderungen im Markt und wechselnde Kundenbedürfnisse zwingen das Entrepreneurial Marketing dazu, diese so schnell wie möglich anzugehen.

2. Produktvariation hingegen zielt darauf ab, das ursprüngliche Produkt komplett zu ersetzen – dies gelingt beispielsweise durch die Entwicklung von zusätzlichen Leistungen und einem daraus resultierenden erhöhten Nutzen für den Kunden.

3. Produktdifferenzierung schließlich strebt nach der Entwicklung ergänzender Produkte, die das ursprüngliche Produkt komplementieren und so kombiniert einen erhöhten Nutzen generieren.

Wie das in jungen Unternehmen gelingen kann, zeigt das abschließende Beispiel der XING AG.

Beispiel: Neuen Ideen systematisch begegnen – Service Innovationen bei der XING AG

Lars Hinrichs startete Mitte 2003 mit dem Hamburger „Open Business Club" eine Internetplattform mit dem vorrangigen Ziel, berufliche und private Kontakte für jede Person einfach zugänglich und organisierbar zu machen. Nach dem Börsengang im Jahr 2006 firmierte die Firma auf den Namen XING um und stieg innerhalb von zehn Jahren mit mehr als 14 Millionen Mitgliedern zu einem der größten und profitabelsten sozialen Netzwerke auf. Das Unternehmen fokussiert sich auf Berufstätige aller Art und bietet seinen Mitgliedern und Kunden eine Vielzahl von verschiedenen Services zu den Themen Beruf, Job und Karriere. Ein wesentliches Merkmal von XING ist die Fähigkeit, erfolgreiche Investitionen in Serviceinnovationen und Serviceverbesserungen vorzunehmen, denn nur so kann die Plattform bei ihren Mitgliedern eine hohe Nutzungsaktivität und dauerhafte Zahlungsbereitschaft erzeugen. Zur Erreichung dieses Ziels wendet die XING AG verschiedene Maßnahmen innerhalb eines strukturierten Prozesses an, welcher die Entwicklung und Etablierung von internen und externen Serviceinnovationen fördert. Beispielsweise finden zur Ideen-Generierung alle acht Wochen die „XING Innovation Weeks" statt, an denen sich die Mitarbeiter aller Fachbereiche beteiligen können. Sie bekommen Zeit Ideen zu sammeln, um dann daraus nützliche Funktionen zu entwickeln. Hinzu kommen die jährlich stattfindenden und drei Tage dauernden „XING Prototyping Days". Seit 2011 können alle Mitarbeiter in kleinen und interdisziplinären Teams Prototypen oder Zukunftskonzepte diskutieren und entwickeln. Die einzigen Vorgaben sind, dass die Projekte zur Unternehmensstrategie passen und die Ergebnisse vor dem gesamten Unternehmen präsentiert werden. Bei positiver Bewertung folgt als nächster Schritt die Implementierungsphase. Die Prototypen werden dabei zu vorläufigen Funktionen weiterentwickelt und ausgewählten Mitgliedern auf der Plattform zum Testen angeboten („XING Beta Labs"). Durch die frühzeitige Einbeziehung der Mitglieder können so Verbesserungsvorschläge aufgenommen und nach entsprechender Bewertung Funktionen entweder weiter perfektioniert oder rechtzeitig gestoppt werden.

Oft werden neue Ideen nicht nur von den eigenen Mitarbeitern generiert, sodass ständig auch die aktuellen Marktgeschehnisse, mögliche aufkommende Wettbewerber und damit externe Serviceinnovationen beobachtet werden müssen. Als effektives Mittel schließt XING zunächst gezielt Kooperationen mit interessanten Startups und bindet ihre Funktionen auf der Plattform ein, um zunächst testweise sowohl die Reaktion der Mitglieder als auch die Nutzungshäufigkeit der Services zu beobachten. Bei den Startups socialmedian, Amiando, kununu und Lebenslauf.com wurden die Synergien und Reaktionen so positiv bewertet, dass diese jungen Unternehmen direkt übernommen und inzwischen z.T. vollständig integriert wurden. XING ist damit ein Paradebeispiel dafür, wie schnell aufkommenden und neuen Innovationen systematisch begegnet werden kann und wie diese mit Hilfe der Plattform zu essentiellen und profitablen Service Innovationen strukturiert und langfristig ausgebaut werden.

> **Auf den Punkt gebracht:** Im Entrepreneurial Marketing gilt es, den geeigneten Zeitpunkt für den Markteintritt zu bestimmen. In vielen Fällen bietet es sich an, als früher Folger in den Markt einzutreten, um so einen Ausgleich zwischen den Vorteilen des Pioniers und des Folgers zu schaffen. Dabei sollte in der Regel nicht im Stealth Mode operiert werden, sondern frühzeitig im Rahmen einer Launchstrategie der Kontakt zu den Anspruchsgruppen aufgebaut werden. Diese Anspruchsgruppen können von weniger wichtig bis hin zu essentiell sortiert werden und sollten in genau dieser Reihenfolge angesprochen werden, um ein Lernen aus Fehlschlägen zu ermöglichen. Im Anschluss an den Launch sollte dann schnell über weitere innovative Angebote nachgedacht werden.

3.4 Lern-Kontrolle

Kurz und bündig

Das Entrepreneurial Marketing in jungen Unternehmen startet tendenziell mit kundenindividuellen Angeboten, die dann in der Folge zu standardisierten Angeboten weiterentwickelt werden. Gelingen kann dies vor allem in Märkten, die sich durch hohe Serviceanforderungen und eine geringe Kaufhäufigkeit auszeichnen, da so Möglichkeiten zum Markteintritt entstehen, die auf den Stärken junger Unternehmen beruhen. Wenn insbesondere innovative Produkte entwickelt werden sollen, so sind Konzepttests und der Lean Startup Ansatz hilfreich dabei, Unsicherheit über den Erfolg am Markt zu reduzieren. Auch bietet es sich an, so früh wie möglich offen über das zu entwickelnde Angebot zu sprechen – die Vorteile des Stealth Mode werden durch besseres Feedback vom Markt, welches so eingeholt werden kann, mehr als aufgewogen. An einen erfolgreichen Markteintritt schließt sich die Weiterentwicklung der Angebotspalette an. Dies kann über Produktinnovation, Produktvariation oder Produktdifferenzierung erfolgen.

❷ Let's check

1. Was unterscheidet den Produktentwicklungsprozess in jungen Unternehmen von dem in etablierten Unternehmen?
2. Auf welchen Prinzipien fußt der Lean Startup Ansatz?
3. Was spricht für einen frühen Markteintritt, was spricht für einen späten Markteintritt? Wie lässt sich der Widerspruch zwischen den Argumenten für diese beiden Markteintrittszeitpunkte auflösen?

❷ Vernetzende Aufgaben

1. Skizzieren Sie einige Produktideen oder Ideen für ein neu zu gründendes Unternehmen. Was wäre in Ihrem Fall das minimal funktionsfähige Produkt und wie könnten die Lean Startup Prinzipien helfen, dieses weiterzuentwickeln?
2. Vergegenwärtigen Sie sich den Unterschied zwischen Pionieren und Folgern. Finden Sie Beispiele für beide Typen. Wer war erfolgreich, wer ist gescheitert? Und warum?

❶ Lernen und Vertiefen

- Bergmann, H., Fueglistaller, U. & Herrmann, A. (2008). Produktpolitik in Gründungsunternehmen. In J. Freiling & T. Kollmann (Hrsg.), *Entrepreneurial Marketing. Besonderheiten, Aufgaben und Lösungsansätze in Gründungsunternehmen* (S. 467–479). Wiesbaden: Gabler.
- Kuckertz, A., Kohtamäki, M. & Droege gen. Körber, C. (2010). The fast eat the slow – The impact of strategy and innovation timing on the success of technology-oriented ventures. *International Journal of Technology Management*. 52(1/2): 175–188.
- Ries, E. (2013). *Lean Startup. Schnell, risikolos und erfolgreich Unternehmen gründen*. 2. Auflage. München: Redline.

Literatur

1 Blank, S. (2013). Why the Lean Start-Up Changes Everything. *Harvard Business Review*, *91*(5), 63–72.
2 Berger, E., Kuckertz, A., & van der Ende, M. (2015). Crowdfunding: Mehr als nur Kapitalbeschaffung – wie Start-ups von der Vernetzung der Investoren profitieren können. In F. Keuper, & M. Schomann (Hrsg.), *Entrepreneurship heute – unternehmerisches Denken angesichts der Herausforderungen einer vernetzten Wirtschaft* (S. 62–81). Berlin: Logos.
3 Bergmann, H., Fueglistaller, U., & Herrmann, A. (2008). Produktpolitik in Gründungsunternehmen. In J. Freiling, & T. Kollmann (Hrsg.), *Entrepreneurial Marketing. Besonderheiten, Aufgaben und Lösungsansätze in Gründungsunternehmen* (S. 467–479). Wiesbaden: Gabler.

4   Brinckmann, J., Grichnik, D., & Kapsa, D. (2010). Should entrepreneurs plan or just storm the castle? A meta-analysis on contextual factors impacting the business planning-performance relationship in small firms. *Journal of Business Venturing, 25*(1), 24–40.

5   Emes, J., & Gruber, M. (2015). Die Ideenumsetzung im Rahmen von Markteintrittsstrategien. In J. Freiling, & T. Kollmann (Hrsg.), *Entrepreneurial Marketing. Besonderheiten, Aufgaben und Lösungsansätze in Gründungsunternehmen* (2. Aufl. S. 299–319). Wiesbaden: Springer Gabler.

6   Greathouse, J. (2013). Rookie Marketing Mistakes to Avoid. *The Wall Street Journal*, (31. Juli 2013).

7   Guillebeau, C. (2012). *The $100 Startup. Fire Your Boss, Do What You Love and Work Better to Live More*. London: Macmillan.

8   Grichnik, D., Brettel, M., Koropp, C., & Mauer, R. (2010). *Entrepreneurship. Unternehmerisches Denken, Entscheiden und Handeln in innovativen und technologie-orientierten Unternehmen.* Stuttgart: Schäffer-Poeschel.

9   Kaczmarek, J. (2014). *Die Paten des Internets. Zalando, Jamba, Groupon – wie die Samwer-Brüder das größte Internet-Imperium der Welt aufbauen.* München: FinanzBuch Verlag.

10   Kollmann, T. (2014). *E-Entrepreneurship: Grundlagen der Unternehmensgründung in der Net Economy* (5. Aufl.). Wiesbaden: Springer Gabler.

11   Kollmann, T., & Kuckertz, A. (2003). Shareholder-Value-Ansatz als Basis für das Controlling in Start-up-Unternehmen. In A.-K. Achleitner, & A. Bassen (Hrsg.), *Controlling von jungen Unternehmen* (S. 199–220). Stuttgart: Schäffer-Poeschel.

12   Kollmann, T., Kuckertz, A., & Stöckmann, C. (2009). Continuous innovation in entrepreneurial growth companies: Exploring the ambidextrous strategy. *Journal of Enterprising Culture, 17*(3), 297–322.

13   Kollmann, T., Kuckertz, A., & Stöckmann, C. (Hrsg.). (2010). *E-Entrepreneurship and ICT Ventures: Strategy, Organization and Technology.* Hershey, PA: IGI Global.

14   Kuckertz, A., Kohtamäki, M., & Droege gen. Körber, C. (2010). The fast eat the slow – The impact of strategy and innovation timing on the success of technology-oriented ventures. *International Journal of Technology Management, 52*(1/2), 175–188.

15   Lodish, L. M., Morgan, H. L., & Kallianpur, A. (2001). *Entrepreneurial Marketing. Lessons from Wharton's Pioneering MBA Course.* New York: Wiley.

16   Mauer, R., & Grichnik, D. (2011). Dein Markt, das unbekannte Wesen: Zum Umgang mit Marktunsicherheit als Kern des Entrepreneurial Marketing. *Zeitschrift für Betriebswirtschaft, 81*(Special Issue 6), 59–82.

17   Müller, R., & Thoring, K. (2012). *Design Thinking vs. Lean Startup: A Comparison of Two User-Driven Innovation Strategies* International Design Management Research Conference, Boston, MA, 8. bis 9. August.

18   Ries, E. (2013). *Lean Startup. Schnell, risikolos und erfolgreich Unternehmen gründen* (2. Aufl.). München: Redline.

19   Sirén, C. A., Kohtamäki, M., & Kuckertz, A. (2012). Exploration and exploitation strategies, profit performance, and the mediating role of strategic learning: Escaping the exploitation trap. *Strategic Entrepreneurship Journal, 6*(1), 18–41.

Die Alternative? Revolutionäre Geschäftsmodelle statt innovativer Produkte

Andreas Kuckertz

A. Kuckertz, *Management: Entrepreneurial Marketing,* Studienwissen kompakt,
DOI 10.1007/978-3-658-08980-1_4, © Springer Fachmedien Wiesbaden 2015

Lern-Agenda

In diesem Kapitel werden Sie lernen,

- was genau unter einem Geschäftsmodell zu verstehen ist,
- wie Geschäftsmodellinnovationen dazu dienen können, auch ohne innovative Produkte revolutionäre Angebote zu machen,
- wie das Entrepreneurial Marketing helfen kann, revolutionäre Geschäftsmodelle zu entwickeln.

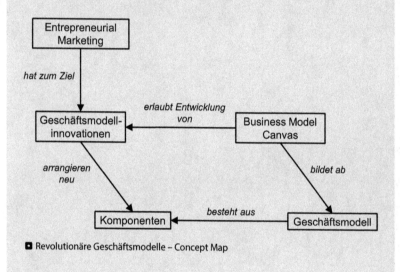

■ Revolutionäre Geschäftsmodelle – Concept Map

4.1   Was genau ist ein Geschäftsmodell?

Nicht zuletzt durch den Lean Startup Ansatz (▶ Abschn. 3.2) hat die Entwicklung von Geschäftsmodellen im Entrepreneurship und im Entrepreneurial Marketing außerordentlich an Bedeutung gewonnen [8]. Die Entwicklung eines tragfähigen **Geschäftsmodells** kann als Kern des Lean Startup Ansatz angesehen werden [1], sie ist aber auch für junge Unternehmen interessant, die eher auf den klassischen Ansatz der Geschäftsplanung setzen oder sogar für etablierte Unternehmen, die sich selbst (oder einen Geschäftsbereich) komplett neu erfinden wollen.

Das Denken in Geschäftsmodellen dient dazu, sich vom eher technisch-orientierten Denken in innovativen Produkten zu lösen, das oftmals an den Bedürfnissen von Kunden vorbeigeht. Richtig verstanden, können so innovative Angebote entwickelt werden, ohne sich mit der Entwicklung neuer Produkte beschäftigen zu müssen (▶ Kap. 3). Dies

| Kombination von Elementen des Unternehmens | Erstellung von Produkten und Dienstleistungen | Nutzenstiftung für Kunden und Partner | Differenzierung und Festigung von Kundenbeziehungen | **Wettbewerbsvorteil und Abschöpfung von Wert** |

Abb. 4.1 Gemeinsamkeiten von Definitionen von Geschäftsmodellen [9]

gelingt, da die Entwicklung von Geschäftsmodellen auf das Schaffen von *Wert* ausgerichtet ist. Ähnlich wie das klassische Marketing stellen Geschäftsmodelle damit den Kunden und den für diesen Kunden geschaffenen Wert bzw. Nutzen in den Mittelpunkt; ihre Erstellung ist aber gleichzeitig eine genuin unternehmerische Handlungsweise.

Auch wenn der Begriff des Geschäftsmodells schon länger kursiert [8], so ist der Großteil der Literatur zur Geschäftsmodellentwicklung verhältnismäßig jung und es findet sich daher eine Reihe von ganz unterschiedlichen Sichtweisen darauf, was genau ein Geschäftsmodell ausmacht (für einen Überblick siehe [9]). In der simpelsten möglichen Sichtweise [7] „beschreibt ein Geschäftsmodell das Prinzip, nach welchem eine Organisation Wert schafft, liefert und abschöpft (orig.: … describes the rationale of how an organization creates, delivers, and captures value)." Dabei zielt die *Beschreibung* des Geschäftsmodells darauf ab, die Kernkomponenten eines Unternehmens zu identifizieren, deren Zusammenwirken [11] dafür sorgt, dass Wert geschaffen wird, und die gleichzeitig als Möglichkeit verstanden werden können, unternehmerische Gelegenheiten durch Neugestaltung (sei es der Komponenten selbst oder aber ihres Zusammenwirkens) zu nutzen. Die Beschreibung dieser Komponenten kann außerordentlich detailliert (bspw. [12] oder [9]) oder aber auf das absolute Minimum reduziert (so bspw. bei [7]) erfolgen.

Merke!

Ein **Geschäftsmodell** beschreibt das Zusammenwirken wesentlicher Komponenten eines Unternehmens zur Generierung von Wert.

Allen Sichtweisen ist jedoch eine Reihe von Aspekten gemein (Abb. 4.1). Immer werden die bedeutenden Elemente eines Unternehmens beschrieben, die miteinander kombiniert werden und so zusammenwirken, um Produkte und Dienstleistungen zu erstellen (Geschäftsmodellarchitektur). Die Neuartigkeit kann zwar auch aus den angebotenen Produkten und Dienstleistungen folgen, muss dies aber nicht zwangsläufig, da gerade das Zusammenwirken der Elemente das größte Innovationspotenzial bietet.

Aus diesem Zusammenwirken folgt die Schaffung von Wert (Nutzenstiftung) zuerst für die Kunden des Unternehmens, nicht zuletzt aber auch für seine Anspruchsgruppen und Partner. In der Konsequenz ergeben sich neuartige und gesicherte Kundenbeziehungen, aus denen für das Unternehmen ein strategischer Wettbewerbsvorteil erwächst, der es erlaubt, einen Teil des geschaffenen Wertes abzuschöpfen.

Das Beispiel MyCouchbox macht deutlich, wie die einfache Idee eines Lieferdienstes für Süßigkeiten (kein innovatives Angebot) durch ein neuartiges und extrem kreatives Geschäftsmodell so gestaltet werden kann, dass nicht nur ein bislang nicht existierender Wert für die direkten Abnehmer des Produkts, sondern auch für die Hersteller von Konsumgütern geschaffen wird.

Beispiel: Abo-Commerce bei MyCouchbox – Wie Innovationen mittels Geschäftsmodell statt mit Produkten realisiert werden können

Die Veränderung des wirtschaftlichen Marktumfeldes durch Zunahme der globalen Wettbewerbsintensität, der Markttransparenz, der Digitalisierung sowie die Entwicklung zu gesättigten Produktmärkten führen zu einem Umdenken des Innovationsgegenstandes sämtlicher Leistungen (Produkte und Dienstleistungen) und bringt Unternehmen unter Zugzwang. Sie müssen bestehende Geschäftsmodelle vollständig überdenken und zu Geschäftsmodellinnovationen weiterentwickeln.

Das Stuttgarter Startup MyCouchbox, das von Clemens Walter und Sarah Haide Anfang 2014 gegründet wurde, profitiert von dem digitalen Umbruch und macht sich diesen – wie einige andere Startups auch – zunutze. Das Geschäftsmodell von MyCouchbox kombiniert das traditionelle Abo-Modell, wie es überwiegend noch aus dem Zeitschriftenwesen bekannt ist, mit dem stark zunehmenden digitalen Kaufverhalten der Nutzer (E-Commerce) zu einem neuen Geschäftsmodell „Abo-Commerce".

Dabei bezahlen die Kunden von MyCouchbox für die Abo-Box eine monatliche Gebühr inkl. Versandkosten von € 9,99 oder für die „Einmal-Box" einmalig € 11,99. Die vertragliche Bindung kann monatlich aufgehoben werden. Dafür erhalten die Kunden monatlich eine Box mit Snacks und Süßigkeiten und profitieren einerseits von der bequemen Lieferung von Lebensmitteln direkt nach Hause und einem Überraschungseffekt, da jede Box monatlich mit einem anderen Inhalt gefüllt ist. MyCouchbox befriedigt durch die Zusammenstellung von willkürlichen und vorab unbekannten Produkten und der gleichzeitigen bequemen Lieferung ein neues Kundenbedürfnis. Durch die breite Auswahl neuer Produktmarken übersteigt der Wert der einzelnen Produkte den der Box, was als zusätzlicher Bestellanreiz bei Kunden gesehen werden kann.

Durch ein installiertes Belohnungssystem von MyCouchbox haben die Kunden die Möglichkeit sogenannte Couchpoints zu sammeln, wenn sie die erhaltenen Produkte online auch noch bewerten. Werden 30 Couchpoints erreicht, werden zusätzliche Snacks in der „Luckypost" geliefert.

Der Inhalt der Boxen wird über verschiedene Hersteller entweder kostenlos oder sehr günstig zur Verfügung gestellt. Dies ist möglich, da die Hersteller das Unternehmen My-

Couchbox als ein externes Marktforschungsinstrument sehen, mit dem man noch nicht vertriebene oder noch unbekannte Produkte vorab auf dem Markt von unvoreingenommenen Personen testen lassen kann. Durch die Bündelung vieler Produkte und das Herstellen des direkten Kundenkontakts sowie die Bewertungsabfrage durch MyCouchbox haben Unternehmen keine bzw. nur sehr überschaubare direkte Vertriebs- oder Marktforschungskosten. Zusätzlich erhalten die Hersteller für ihre oftmals neuen Produkte exklusive und volle Aufmerksamkeit in einer für den Kunden gewohnten und emotional bedeutenden Umgebung, ohne in Supermärkten im Verkaufsregal durch besondere und vorübergehende Angebote oder Verpackungen mit anderen vermeintlich bekannteren Marken konkurrieren zu müssen.

Die Anbieter von Abo-Boxen sind ein Beispiel dafür, wie man mit gewöhnlichen Produkten und einer Kombination von bereits existierenden Geschäftsmodellen ein neues Geschäftsmodell entwickeln kann, um neue Kundenbedürfnisse aufzunehmen und zu befriedigen.

Dabei ist zu beachten, dass *Geschäftsmodell* und *Unternehmensstrategie* nicht miteinander deckungsgleiche Begriffe darstellen, sondern als zwei grundsätzlich verschiedene Konzepte zu verstehen sind, die nichtsdestotrotz eng miteinander verbunden sind [9]. Die Strategie eines Unternehmens orientiert sich primär am Wettbewerb und hat zum Ziel, sich von Wettbewerbern abzugrenzen (Differenzierung) und eine dauerhaft vorteilhafte Position diesen gegenüber zu erarbeiten (Wettbewerbsvorteil). Dazu werden Märkte analysiert und Strategien zur Marktbearbeitung geplant, anzustrebende Marktpositionen festgelegt und unterschiedliche Geschäftsmodelloptionen erarbeitet. Gangbare Geschäftsmodelle folgen dann aus der Unternehmensstrategie, sie orientieren sich nicht am Wettbewerb, sondern vielmehr am Kunden. Bei der Entwicklung von Geschäftsmodellen besteht das Ziel primär in der geschickten Kombination der Geschäftsmodellelemente, die auf eine möglichst nicht imitierbare Art und Weise arrangiert werden sollen, um dem Unternehmen Wachstum zu ermöglichen. Es gilt also, durch Geschäftsmodelle Strategien umzusetzen – dadurch, dass sie den geschaffenen Wert in den Fokus rücken, tragen Geschäftsmodelle dazu bei, das übergeordnete Ziel der Generierung von Wettbewerbsvorteilen zu erreichen.

▶ Auf den Punkt gebracht: Die Entwicklung von Geschäftsmodellen ist durch ihren Fokus auf die Schaffung von Wert für Kunden, Unternehmen und Anspruchs-gruppen eine extrem interessante Möglichkeit des Entrepreneurial Marketing. Geschäftsmodelle beschreiben die Komponenten dieser Wertschöpfung und ihr Zusammenwirken – gerade aus der Neugestaltung dieses Zusammenspiels ergeben sich Innovationspotenziale, die über die Entwicklung neuer Produkte und Dienstleistungen hinausgehen. Basis der Geschäftsmodellentwicklung ist die Strategie des Unternehmens.

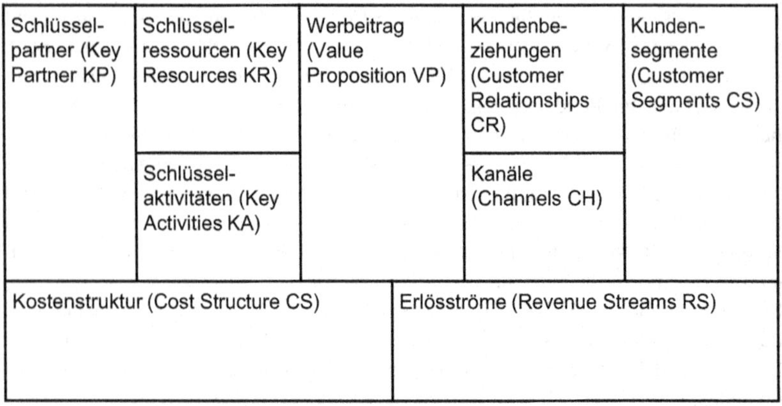

Schlüssel-partner (Key Partner KP)	Schlüssel-ressourcen (Key Resources KR)	Werbeitrag (Value Proposition VP)	Kundenbe-ziehungen (Customer Relationships CR)	Kunden-segmente (Customer Segments CS)
	Schlüssel-aktivitäten (Key Activities KA)		Kanäle (Channels CH)	
Kostenstruktur (Cost Structure CS)			Erlösströme (Revenue Streams RS)	

◘ Abb. 4.2 Komponenten der Business Model Canvas [7]

4.2 Wie lassen sich revolutionäre Geschäftsmodelle entwickeln?

Basis der Entwicklung eines Geschäftsmodells, welches potenziell revolutionär ist, d. h. das gesamte Marktgefüge verändert, ist die Verwendung eines Konzepts, das hilft, die entscheidenden Komponenten der Generierung von Wert und ihr Zusammenspiel zu identifizieren. Prominentestes Beispiel ist in diesem Zusammenhang die Business Model Canvas (Geschäftsmodellleinwand) [7], die sowohl dazu dienen kann, bestehende Geschäftsmodelle zu analysieren als auch vollkommen neue Geschäftsmodelle zu entwickeln (für alternative Konzepte siehe bspw. [12] [9] [8]). ◘ Abbildung 4.2 zeigt die neun Komponenten der Business Model Canvas und ihre relative Position zueinander.

Im Zentrum der Business Model Canvas steht der *Wertbeitrag* (Value Proposition), der durch das Geschäftsmodell geschaffen wird. Dieser Wertbeitrag kann sich je nach *Kundensegment* unterscheiden – wenn beispielsweise MyCouchbox (▶ Abschn. 4.1) Snacks an Privatkunden liefert, so ist der für dieses Kundensegment geschaffene Wert ein vollkommen anderer Wert, als wenn Daten, die aus diesem Kundenkontakt entstehen, für Marktforschungszwecke von Konsumgüterherstellern verwendet werden. Diese unterschiedlichen Wertbeiträge werden über entsprechende *Kanäle* zu den Kundensegmenten kommuniziert und transportiert – weil die Kundensegmente möglicherweise stark unterschiedlich sind, müssen dann auch die *Kundenbeziehungen* entsprechend angepasst werden. Für das Beispiel MyCouchbox bedeutet dies, dass sich die Neukundenakquise und die Pflege der bestehenden Privatkunden potenziell gut über digitale Kanäle (Web/Mobile) gestalten lassen – wenn es jedoch darum geht, den Wertbeitrag zu den Konsumgüterherstellern zu kommunizieren und die Beziehung zu diesen zu pflegen, wird eher der persönliche Verkauf relevant. In der Konsequenz entstehen aus den unterschiedlichen Kundensegmenten unterschiedliche *Erlösströme.*

Ob diese Erlösströme ausreichen, um von einem funktionsfähigen Geschäftsmodell zu sprechen, entscheidet sich über die Komponenten auf der linken Seite der **Business Model Canvas**. Die *Schlüsselressourcen* des Geschäftsmodells stellen die Basis aller weiteren Bausteine dar und werden über *Schlüsselaktivitäten* zur Erstellung des Wertbeitrags eingesetzt. Ob diese Schlüsselressourcen unter der direkten Kontrolle des Unternehmens stehen oder nicht, ob Schlüsselaktivitäten selbst ausgeführt oder ausgegliedert werden, entscheidet sich über das Netzwerk [4] des Unternehmens, das dessen *Schlüsselpartner* versammelt. Aus dem Zusammenspiel dieser drei Elemente ergeben sich viele kreative Möglichkeiten zur Erstellung des Wertbeitrags. Zusammengenommen prägen sie die *Kostenstruktur* des Geschäftsmodells, die dann mit den Erlösströmen kontrastiert eine Aussage darüber ermöglicht, ob das Geschäftsmodell gangbar ist.

Merke!

Die **Business Model Canvas** besteht aus neun Komponenten, welche zusammenbetrachtet zeigen, wie und für wen ein Geschäftsmodell Wert schafft.

Die Business Model Canvas eignet sich aber nicht nur dazu, bestehende Geschäftsmodelle im Hinblick auf ihre Komponenten und die Interdependenzen zwischen diesen zu analysieren. Genauso kann die Generierung eines neuartigen Werts als Ziel des Entrepreneurial Marketing im Fokus stehen, indem eben die Ausgestaltung der Komponenten und ihr Zusammenwirken innovativ gestaltet werden. D. h., über dieses Instrument wird die Entwicklung von Geschäftsmodellinnovationen möglich.

Geschäftsmodellinnovationen können unterschiedlich stark ausgeprägt sein und sich im Hinblick auf ihren Innovationsgrad [3] deutlich voneinander unterscheiden. In der extremsten Form wird eine Geschäftsmodellinnovation nur dann als wirklich innovativ klassifiziert, wenn der durch sie geschaffene Wert komplett neuartig ist:

» „Geschäftsmodellinnovationen schauen nicht in die Vergangenheit, denn die Vergangenheit sagt wenig darüber aus, was im Hinblick auf zukünftige Geschäftsmodelle möglich ist. Geschäftsmodellinnovationen orientieren sich nicht an Wettbewerbern, denn Geschäftsmodellinnovationen drehen sich nicht um Kopieren und Benchmarking, sondern darum, neuartige Mechanismen zu schaffen, die Wert kreieren und Umsätze ermöglichen. Geschäftsmodellinnovationen beschäftigen sich vielmehr damit, bestehende Orthodoxien in Frage zu stellen und originelle Modelle zu gestalten, die unbefriedigte, neue oder verborgene Kundenbedürfnisse adressieren (orig.: Business model innovation is not about looking back, because the past indicates little about what is possible in terms of future business models. Business model innovation is not about looking to competitors, since business model innovation is not about copying or benchmarking, but about creating new mechanisms to create value and derive revenues. Rather, business model innovation is about challenging orthodoxies to design original models that meet unsatisfied, new, or hidden customer needs)."

Eine solche Sichtweise fordert entsprechend viel vom Entrepreneurial Marketing und klassifiziert eine Vielzahl kreativer Herangehensweisen an die Geschäftsmodellentwicklung als nicht kreativ. Ansätze, die beispielsweise Kreativität aus der Konfrontation der eigenen Branche mit neuartigen Geschäftsmodellen aus anderen Branchen erzeugen wollen (so bspw. [2], die Idealtypen von Geschäftsmodellen identifizieren und einen strukturierten Prozess zur Übertragung auf die unternehmensspezifische Situation bieten), würden so nicht in wirklichen Geschäftsmodellinnovationen münden. Es bietet sich folglich eine zurückhaltendere Sicht auf Geschäftsmodellinnovationen an:

» „Wenn ein Unternehmen Umstrukturierungen durchführt, die bislang nicht verfügbare Produkt- oder Dienstleistungsangebote für Kunden und Endverbraucher ermöglichen, so nennen wir solche Umstrukturierungen Geschäftsmodellinnovationen (orig.: When a company makes business model replacements that provide product or service offerings to customers and end users that were not previously available, we refer to those replacements as business model innovations)." [6]

Derartige Umstrukturierungen können selbstredend nicht nur in bestehenden Unternehmen realisiert werden. Ausgehend beispielsweise vom Status quo einer bestimmten Branche kann die neuartig organisierte Schaffung von Wert durch ein junges Unternehmen ebenfalls als Umstrukturierung gewertet werden. Essentiell für Geschäftsmodellinnovationen ist folglich die innovative Gestaltung der Komponenten des Geschäftsmodells und/oder ihres Zusammenwirkens – und zwar aus der Perspektive des Unternehmens.

Merke!

Eine **Geschäftsmodellinnovation** ist gekennzeichnet durch die aus Sicht des innovierenden Unternehmens neuartige Gestaltung einzelner Komponenten des Geschäftsmodells und/oder ihr neuartiges Zusammenwirken bei der Generierung von Wert.

Der Prozess, über den Geschäftsmodellinnovationen entwickelt werden können, kann unterschiedlich detailliert beschrieben werden. In der Literatur finden sich vierschrit-

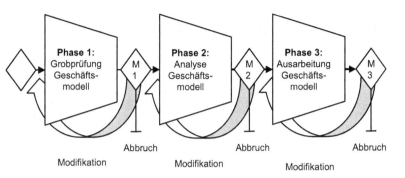

Abb. 4.3 Prozess der Entwicklung von Geschäftsmodellinnovationen (in Anlehnung an [10])

tige Prozesse (Initiierung, Ideenfindung, Integration und Implementierung [2]) oder aber auch umfangreichere sechsschrittige Prozesse (Geschäftsmodell-Ideen-Gewinnung, Geschäftsmodell-Vision-Entwicklung, Geschäftsmodell-Prototyp-Entwicklung, Geschäftsmodell-Entwicklung, Geschäftsmodell-Implementierung, Geschäftsmodell-Erweiterung [9]). Für das ressourcenlimitierte Entrepreneurial Marketing (► Abschn. 1.3) bietet es sich jedoch an, den Prozess so einfach wie möglich zu halten. ◘ Abbildung 4.3 zeigt einen solchen einfachen Prozess der Entwicklung von Geschäftsmodellinnovationen.

Dieser *Prozess* [10] gliedert die *Geschäftsmodellentwicklung* in drei Phasen; am Ende jeder Phase wird über Abbruch, Modifikation oder Weiterverfolgung der Entwicklung entschieden. Auslöser des Prozesses ist eine auf einer unternehmerischen Gelegenheit (► Abschn. 2.2) beruhende Geschäftsidee, die in Form eines innovativen Geschäftsmodells durch das Entrepreneurial Marketing am Markt umgesetzt werden soll. Im ersten Schritt gilt es dann, diese einer Grobprüfung zu unterziehen. Erscheint das potenzielle Geschäftsmodell danach plausibel, geht es im zweiten Schritt in die ausführliche Analyse des marktlichen und technischen Potenzials. Wenn aus dieser eine positive Einschätzung der Attraktivität des Vorhabens erfolgt, wird als drittes das Geschäftsmodell konkretisiert und abschließend wieder auf seine Schlüssigkeit überprüft – beispielsweise ob die Erlösströme und die Kostenstruktur in einem günstigen Verhältnis zueinander stehen. Die Effizienz und die Effektivität dieses Prozesses der Geschäftsmodellentwicklung kann durch den Einsatz geeigneter Instrumente verbessert werden. Der in ◘ Tab. 4.1 aufgeführte Instrumentenmix gibt hierzu einen Überblick.

Der *Erfolg der Entwicklung* von Geschäftsmodellinnovation hängt nicht nur von der ursprünglichen Idee ab – es zählt auch, wie zielführend der unterstützende Instrumentenmix eingesetzt wird und wie gerade die kreativen Phasen zu Beginn gestaltet werden. Erfolgsfaktoren der Geschäftsmodellentwicklung sind phasenabhängig [13], je nachdem wie weit die Entwicklung fortgeschritten ist, muss das Entrepreneurial

Tab. 4.1 Instrumentenmix zur Unterstützung der Entwicklung von Geschäftsmodellen (in Anlehnung an [10])

Phase der Geschäfts-modellentwicklung	Ausgewählte Instrumente	Beschreibung
Grobprüfung der Idee zum Geschäftsmodell	Elevator Pitch	Kurzpräsentation von maximal 1 Minute Länge, um erstes Feedback einzuholen
	Pro-Contra-Liste	Sammlung von Argumenten für und wider die Idee (gegebenenfalls gewichtet)
Analyse des marktlichen und technischen Potenzials der Idee zum Geschäftsmodell	Marktdefinition	Definition des Marktes ausgehend vom Bedürfnis zwecks Ableitung von Marktpotenzial und Marktvolumen
	Branchenstrukturanalyse	Analyse der Wettbewerbskräfte als Teil der Umweltanalyse
Ausarbeitung des Geschäftsmodells	Business Model Canvas	Identifikation der Komponenten und Interdependenzen des Geschäftsmodells
	Blue Ocean Strategy	Ausrichtung des Geschäftsmodells auf unberührte Märkte („Blue Oceans") zur Erhöhung des Erfolgspotenzials
	Wertkette	Darstellung der Stufen der Wertschöpfung
	SWOT-Analyse	Analyse der internen und externen Gefahren und Potenziale
In allen Phasen	Perspektivenwechsel	Bewusster Rollenwechsel zur Erhöhung der Kreativität
	Mindmap	Kognitive Technik zur Visualisierung – erhöht Kreativität durch Assoziationsmöglichkeiten und erlaubt Strukturierung

Marketing ganz andere Kompetenzen mitbringen und den Aufmerksamkeitsfokus entsprechend verschieben.

So basiert der Erfolg der *Generierung von Ideen* [13] für potenzielle Geschäftsmodellinnovationen nicht nur auf einem kreativen Team (Gründerteam oder in etablierten Unternehmen die Kombination aus unternehmerischem Marketing und Forschung und Entwicklung), sondern auch auf der Anwendung geeigneter Kreativitätstechniken, die überhaupt erst radikale Innovation ermöglichen. Genauso ist es wichtig, die Ideenentwicklung so zu moderieren, dass sichergestellt wird, dass Ideen auch eine klare strategische Komponente haben und zu den übergeordneten Unternehmenszielen passen.

Wenn erste *Varianten der Geschäftsmodellinnovation* entworfen werden (sog. Prototyping [13]), gilt es, um den Erfolg sicherzustellen, alle Teilmodelle möglichst vollständig zu erarbeiten. Teilmodelle resultieren beispielsweise für die Business Model Canvas aus ihren neun Komponenten – die eingängige Visualisierung über die Business Model Canvas kann dazu verführen, auf untergeordneten Ebenen nicht sorgfältig zu arbeiten und so Geschäftsmodellinnovationen zu produzieren, die nur auf den ersten Blick gangbar und erfolgversprechend sind. Es gilt also, alle einzelnen Wertschöpfungskomponenten detailliert zu analysieren. Sinnvoll ist es in dieser Phase auch, über das Kreativteam hinauszugehen und ein möglichst breites Netzwerk [4] auch von externen Experten und Partnern miteinzubinden, um so auf möglichst unterschiedliche Perspektiven zurückgreifen zu können.

Ob eine bestimmte Variante, die aus dem kreativen Prozess resultiert, umsetzbar ist, folgt aus der *Machbarkeitsanalyse*. Erfolgsfaktoren hierbei [13] sind eine möglichst umfangreiche Umweltanalyse, die insbesondere auch die Sicht der Kunden berücksichtigt und diese mit den Zielen des Unternehmens (Strategie) und den Marktverhältnissen in Einklang bringt.

Phasenunabhängige Erfolgsfaktoren [13] – angepasst auf das Entrepreneurial Marketing – sind ähnlich den allgemeinen Erfolgsfaktoren jedes Projektmanagements. Ein Geschäftsmodell wird nicht nur entwickelt, sondern auch erfolgreich umgesetzt, wenn Teams möglichst interdisziplinär zusammengesetzt sind und sich so gegenseitig in ihren Kompetenzen und Erfahrungen ergänzen können, wenn Rollen im Projekt klar verteilt sind und die Arbeit von eindeutigen und klar kommunizierten Zielen geleitet wird.

Welches Potenzial im Denken in Geschäftsmodellen für das Entrepreneurial Marketing liegt, verdeutlicht das abschließende Beispiel des Startups Wummelkiste. Nicht nur die mehr oder minder direkte Wertschöpfung bietet Innovationspotenzial im Entrepreneurial Marketing, sondern beispielsweise auch die Preissetzung als Teil des Marketingmix. Diese kann den geschaffenen Wert ebenfalls positiv beeinflussen. Die richtige Preisstrategie zu finden, stellt dabei eine außerordentliche Herausforderung dar, denn gerade innovative Geschäftsmodelle profitieren in der Regel wenig von klassischen Marketingstrategien, da in diesem Fall noch überhaupt keine Branche und auch kein Markt für das neuartige Angebot existiert. Das heißt, der Markt kann eine wesentliche Orientierungsfunktion für das Entrepreneurial Marketing noch nicht erfüllen und die entscheidende marktseitige Information, nämlich den Preis, nicht liefern [5]. Gerade unerfahrene Unternehmensgründer setzen daher aus falsch verstandener Kundenorientierung ihren Preis oftmals zu niedrig an. Besser geeignet als eine Penetrationsstrategie scheint jedoch im Regelfall eine abschöpfungsorientierte Preisstrategie (Skimming), die mit hohen Preisen in den Markt einsteigt, um diese dann sukzessive zu senken. Diese Vorgehensweise bietet sich gerade für das Entrepreneurial Marketing von jungen Unternehmen an, da diese entsprechend nah am Kunden operieren (▶ Abschn. 1.1) und so schnell reagieren und ihre Preise anpassen können. Darüberhinausgehende Möglichkeiten der Preissetzung im Rahmen eines innovativen Geschäftsmodells zeigt das Beispiel des Wummelkiste.

Beispiel: Value Pricing am Beispiel Wummelkiste

Aus traditioneller Sicht ist es das primäre Ziel, für die Herstellung und den Verkauf eines Produktes beziehungsweise einer Dienstleistung den entsprechenden Gegenwert in Form von Geld zu erzielen. Preisstrategien im Rahmen des Entrepreneurial Marketing gehen über dieses Verständnis hinaus, da sie darauf abzielen, mit Hilfe der Preissetzung weitere (auch nicht monetäre) Potenziale zu heben, die sich sowohl unternehmensintern (z. B. Veränderung der Kostenstruktur) als auch unternehmensextern (z. B. Identifizierung bestimmter Kundenbedürfnisse) ergeben können. Ein Beispielunternehmen, dem es gelungen ist, speziell auf Kundebedürfnisse hin abgestimmt eine Preisstrategie zu entwickeln, ist das Berliner Jungunternehmen Wummelkiste.

Das Unternehmen bietet seinen Kunden seit seiner Gründung 2012 die Möglichkeit, ein Spiel- bzw. Bastel-Abonnement für Kinder zwischen drei und acht Jahren über das Internet abzuschließen. Kunden, die sich dafür entscheiden, erhalten eine Box mit drei bis vier Spieleprojekten inklusive der dazugehörigen Materialien und Anleitungen. Neben der Möglichkeit, Boxen in regelmäßigen Abständen zugesandt zu bekommen, können die Kisten auch einzeln erworben werden. Die Zielgruppe für dieses Angebot sind primär Eltern, die ihre Kinder speziell fördern möchten, allerdings zeitlich zu restringiert sind, um sich selbst Spieleideen auszudenken, sowie Kunden, die gerne Kinder beschenken möchten.

Das von Wummelkiste entwickelte Preismodell erscheint ganz besonders geeignet dafür, Marktpotenziale zu heben, da es sich sehr gut an die Kundenbedürfnisse der potenziellen Zielgruppe am Markt orientiert und den Kunden dabei einen überlegenen Nutzen stiftet. Im Kern steht dabei die Wahlmöglichkeit zwischen Kauf einer Einzelbox und dem Abo-Modell. Durch die Möglichkeit, Einzelboxen zu erwerben, senkt das Unternehmen die potenzielle Hemmschwelle ganz erheblich, ein Abonnement ohne vorherige Kenntnis des Produktes bzw. des Unternehmens abzuschließen. Daneben ermöglich der Einzelverkauf auch Zusatzpotentiale zu erschließen, wie z. B. Kunden, die Kinder beschenken möchten und dabei nicht gewillt sind, ein Abonnement abzuschließen. Da Wummelkiste erkannt hat, dass das Kundenbedürfnis von Eltern nicht nur einmalig auftritt, sondern wiederkehrend ist, sind die beiden Alternativen Einzelkauf und Abonnement so ausgestaltet, dass sie Kunden zum Abschluss eines Abonnements bewegen. Dies geschieht einerseits durch gezielte Kommunikationsmaßnahmen und andererseits durch die preisliche Incentivierung. So ist die Kiste aus Kundensicht im Abonnement relativ gesehen günstiger als bei einem Einzelkauf. Der geringere Preis kann jedoch trotzdem zu höherem Umsatz führen als bei einem reinen Einzelverkauf, da das Unternehmen den Zeitraum des Wiederkaufs quasi vordefiniert und dieser erfahrungsgemäß deutlich kürzer ist als bei einem Einzelverkauf.

Wie das Beispiel von Wummelkiste zeigt, ermöglichen es Preisstrategien im Rahmen des Entrepreneurial Marketing, Marktpotenziale zu heben, den Kunden einen überlegenen Zusatznutzen zu stiften und diese zugleich zu kapitalisieren.

⊗ Auf den Punkt gebracht: Geschäftsmodellinnovationen können mit Hilfe der Business Model Canvas gefunden werden. Die Ausarbeitung von Ideen für Geschäftsmodelle erfolgt dabei über einen dreischrittigen Prozess ausgehend von der Grobprüfung der Geschäftsmodellidee über die Analyse des Potenzials bis hin zur umfassenden Ausarbeitung.

4.3 Lern-Kontrolle

Kurz und bündig

Das Entrepreneurial Marketing entwickelt Geschäftsmodelle, die im besten Fall einen komplett neuartigen Wert für den Kunden schaffen. Geschäftsmodelle setzen sich aus unterschiedlichen Komponenten zusammen, die abgestimmt aufeinander so wirken, dass dieser Wert entstehen kann. Wenn die Komponenten neuartig arrangiert oder ausgestaltet werden, so lässt sich von einer Geschäftsmodellinnovation sprechen. Die Business Model Canvas ist ein geeignetes Instrument, um einerseits existierende Geschäftsmodelle zu beschreiben und andererseits Geschäftsmodellinnovationen zu entwickeln. Die Kreation von Geschäftsmodellinnovationen erfolgt über einen Prozess, in dem anfänglich eine Vielzahl von Ideen produziert wird, die dann einer Grobprüfung und einer Machbarkeitsanalyse unterzogen werden. Am Ende steht die Entscheidung für ein bestimmtes Geschäftsmodell und dessen konkrete Ausarbeitung. Die abschließende Umsetzung erfolgt durch das Entrepreneurial Marketing.

❷ Let's check

1. Was genau ist unter einem Geschäftsmodell zu verstehen?
2. Grenzen Sie Geschäftsmodell und Unternehmensstrategie voneinander ab.
3. Aus welchen Komponenten setzt sich die Business Model Canvas zusammen und wie beeinflussen sich diese gegenseitig?

❷ Vernetzende Aufgaben

1. Beschreiben Sie das Geschäftsmodell von MyCouchbox mit Hilfe der Business Model Canvas.
2. Verwenden Sie die Business Model Canvas dazu, ausgehend vom Beispiel der Wummelkiste ein vollkommen neues Geschäftsmodell zu entwickeln.

❶ Lernen und Vertiefen

- Osterwalder, A. & Pigneuer, Y. (2010). Business model generation: a handbook for visionaries, game changers, and challengers. Hoboken, NJ: Wiley.
- Rusnjak, A. & Ercan, T. (2014). Business Modeling für Entrepreneure und Intrapreneure mittels der Speed Creation. In D. Schallmo (Hrsg.), *Kompendium Geschäfts-*

modell-Innovation. Grundlagen, aktuelle Ansätze und Fallbeispiele zur erfolgreichen Geschäftsmodell-Innovation (S. 75–108). Wiesbaden: Springer Gabler.
– Schwarz, E., Krajger, I. & Dummer, R. (2015). Prozesse der Geschäftsmodell- und Produktentwicklung in Gründungs- und Jungunternehmen. In J. Freiling & T. Kollmann (Hrsg./2. Auflage), *Entrepreneurial Marketing. Besonderheiten, Aufgaben und Lösungsansätze für Gründungsunternehmen* (S. 339–357). Wiesbaden: Springer Gabler.

Literatur

1 Blank, S. (2013). Why the Lean Start-Up Changes Everything. *Harvard Business Review, 91*(5), 63–72.
2 Gassmann, O., Frankenberger, K., & Csik, M. (2013). *Geschäftsmodelle entwickeln: 55 innovative Konzepte mit dem St. Galler Business Model Navigator.* München: Carl Hanser.
3 Hauschildt, J., & Salomo, S. (2011). *Innovationsmanagement.* München: Vahlen.
4 Kuckertz, A., & Berger, E. (2013). Entrepreneure und Netzwerke. *WISU – Das Wirtschaftsstudium, 42*(8–9), 1071–1075.
5 Mauer, R., & Grichnik, D. (2011). Dein Markt, das unbekannte Wesen: Zum Umgang mit Marktunsicherheit als Kern des Entrepreneurial Marketing. *Zeitschrift für Betriebswirtschaft, 81*(Special Issue 6), 59–82.
6 Mitchel, D., & Coles, C. (2004). Business model innovation breakthrough moves. *Journal of Business Stratey, 25*(1), 16–26.
7 Osterwalder, A., & Pigneuer, Y. (2010). *Business model generation: a handbook for visionaries, game changers, and challengers.* Hoboken, NJ: Wiley.
8 Rusnjak, A., & Ercan, T. (2014). Business Modeling für Entrepreneure und Intrapreneure mittels der Speed Creation. In D. Schallmo (Hrsg.), *Kompendium Geschäftsmodell-Innovation. Grundlagen, aktuelle Ansätze und Fallbeispiele zur erfolgreichen Geschäftsmodell-Innovation* (S. 75–108). Wiesbaden: Springer Gabler.
9 Schallmo, D. (2013). *Geschäftsmodelle erfolgreich entwickeln und implementieren.* Berlin & Heidelberg: Springer Gabler.
10 Schwarz, E., Krajger, I., & Dummer, R. (2015). Prozesse der Geschäftsmodell- und Produktentwicklung in Gründungs- und Jungunternehmen. In J. Freiling, & T. Kollmann (Hrsg.), *Entrepreneurial Marketing. Besonderheiten, Aufgaben und Lösungsansätze für Gründungsunternehmen* (2. Aufl. S. 339–357). Wiesbaden: Springer Gabler.
11 Skarzynski, P., & Gibson, R. (2008). *Innovation to the core: a blueprint for transforming the way your company innovates.* Boston: Harvard University Press.
12 Wirtz, B. (2010). *Business Model Management.* Wiesbaden: Gabler.
13 Wirtz, B., & Mermann, M. (2015). Entwicklung von Geschäftsmodellen. In J. Freiling, & T. Kollmann (Hrsg.), *Entrepreneurial Marketing. Besonderheiten, Aufgaben und Lösungsansätze für Gründungsunternehmen* (2. Aufl. S. 21–241). Wiesbaden: Gabler.

Innovative Ansätze
des Entrepreneurial Marketing

Andreas Kuckertz

A. Kuckertz, *Management: Entrepreneurial Marketing,* Studienwissen kompakt,
DOI 10.1007/978-3-658-08980-1_5, © Springer Fachmedien Wiesbaden 2015

Lern-Agenda

In diesem Kapitel werden Sie lernen,
- wie sich durch Entrepreneurial Marketing der klassische Instrumentenmix des Marketing verändert,
- wie Onlinemarketing und insbesondere virales Marketing von Unternehmens-gründern eingesetzt werden können,
- wie innovative Marketingansätze durch Marketing Controlling gesteuert werden.

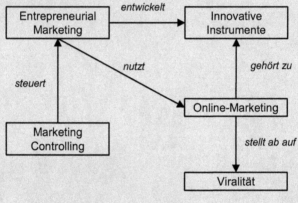

◘ Innovative Marketingansätze – Concept Map

5.1 Wie verändert das Entrepreneurial Marketing den Instrumentenmix des klassischen Marketing?

Auf dem Kerngedanken des Entrepreneurial Marketing, d. h. kreativen Marketing-maßnahmen im Angesicht deutlicher Unsicherheit über neue und unbekannte Märkte und Kunden (▶ Abschn. 1.2), beruhen etliche innovative Ansätze der Gestaltung von Marketinginstrumenten. Diese haben nicht nur Bedeutung für junge Unternehmen, sondern auch und gerade für etablierte Unternehmen.

Frühe Konzeptionen des Entrepreneurial Marketing (so beispielsweise [20]) ver-traten die Ansicht, dass Unternehmer grundsätzlich vor der Aufgabe stünden, ihr Marketing aus den chaotischen Anfängen eines neuen Unternehmens hin zum Aufbau einer klassischen Marketingorganisation zu entwickeln. Dies sollte über vier Phasen ablaufen [20]:

1. Entrepreneurial Marketing
2. Gelegenheitsgetriebenes Marketing (Opportunistic Marketing)

3. Reaktives Marketing (Responsive Marketing)
4. Diversifiziertes Marketing (Diversified Marketing)

Entrepreneurial Marketing wird nach dieser Sicht mit dem Nischenmarketing einer informellen und flexiblen Marketingorganisation gleichgesetzt, deren Ziel in der Schaffung von Glaubwürdigkeit im Markt liegt und die wesentlich auf dem Netzwerk des Unternehmers [9] als kritischer Ressource beruht. Daran schließt eine Phase der Professionalisierung der Verkaufsorganisation zwecks Marktdurchdringung an – es gilt also primär, jede Chance auf eine Erhöhung des Umsatzes zu nutzen (gelegenheitsgetriebenes Marketing). Erst wenn dies gelungen ist, rückt der Kunde wieder verstärkt in den Fokus – Ziel der Produkt- und Marktentwicklung ist erhöhte Kundenzufriedenheit. Damit dies gelingt, müssen die Unternehmensfunktionen koordiniert zusammenwirken (reaktives Marketing). In der abschließenden Phase ist dann das Ziel des Aufbaus einer etablierten Marketingorganisation erreicht. Nun muss der Produktlebenszyklus und das Angebotsportfolio gesteuert werden – gleichzeitig benötigt das Unternehmen wieder vermehrt Unternehmertum und Innovation als kritische Ressourcen, welche die Entwicklung von Neugeschäft möglich machen (diversifiziertes Marketing). Um sich positiv zu entwickeln, sollten Unternehmen immer entsprechend voraus denken und sich für die nächste Phase vorbereiten.

Eine solche Sicht resultiert aus einem Verständnis des Entrepreneurial Marketing als Marketing des Unternehmensgründers, der als Einzelperson in Folge des Unternehmenswachstums irgendwann überfordert sei. Solche Perspektiven sind heutzutage jedoch überholt. Auch wenn schon [20] Unternehmertum und Innovation als kritischen Erfolgsfaktor in der finalen Phase der Entwicklung des Marketing ausmachen, worüber sich der Kreis wieder zu den Anfängen des Unternehmens schließt, so vergibt man etliches Potenzial, wenn man Entrepreneurial Marketing lediglich als einen zu überwindenden Zustand am Beginn des Unternehmenslebenszyklus einstuft.

Entrepreneurial Marketing sollte jedoch *unabhängig von der Größe* und dem *Entwicklungsstand* eines Unternehmens betrachtet werden [11]. Sein unternehmerischer Kern, also beispielsweise Risikobereitschaft und Proaktivität [15], dient für junge Unternehmen dazu, das Ressourcenproblem anzugehen, während etablierte Unternehmen ihr mögliches Trägheits- und Kreativitätsproblem hierüber lösen können. Größe oder Alter zählen also nicht für das Entrepreneurial Marketing; was vielmehr bedeutsam ist, ist der Fokus auf innovative, risikobereite, ungeplante, proaktive und nicht-lineare Vorgehensweisen insbesondere vor dem Hintergrund eines sich ständig ändernden Unternehmensumfelds. Damit wird der Kern des Entrepreneurial Marketing und die aus ihm folgenden Instrumente (innovativ-unternehmerisches Handeln im Angesicht von Unsicherheit) auch und gerade für etablierte Unternehmen interessant. Gerade weil große, vielleicht sogar börsennotierte Unternehmen eher von finanziellen Zielen getrieben sind, während Unternehmensgründer und Unternehmer auch persönliche Ziele und Präferenzen einbringen [4], beeinflussen diese Ziele selbstverständlich die Ausgestaltung des Marketings. Die persönliche Note des Entrepreneurial Marketing kann dann gerade auch für etablierte Unternehmen lehrreich sein.

Wenn also Entrepreneurial Marketing als die *Schnittstelle von Unternehmertum und Marketing* verstanden wird, dann wird aus dem Marketing ein unternehmerischer Prozess, der jedem Typ von Unternehmen uneingeschränkt bei der Zielerreichung helfen kann [12]. Dabei machen gerade unkonventionelle Maßnahmen das Entrepreneurial Marketing aus – viele Beispiele erfolgreicher Unternehmer ignorieren oftmals geradezu tradierte Marketingweisheiten [4]. Dieses Ignorieren des Althergebrachten ermöglicht neuartige Herangehensweisen. Interessanterweise zeichnen sich fast alle *Marketinginnovationen* der letzten Jahre dadurch aus, dass sie Effizienz durch das Hebeln knapper Marketingressourcen zu erreichen versuchen, einen kreativen Zugang zum Management der Stellschrauben im Marketing finden, kontinuierlich Produkt- und Prozessinnovation generieren, stark auf den Kunden eingehen und möglichst das Unternehmensumfeld im eigenen Sinne positiv beeinflussen oder gar ändern [12]. Entrepreneurial Marketing trägt zu allen diesen Zielen bei und nutzt so auch den etablierten Unternehmen.

Viele dieser Marketinginnovation (beispielsweise Buzz Marketing, Ambush Marketing, Viral Marketing) beruhen auf dem Paradigma des **Guerilla Marketing**, welches über unkonventionelle Maßnahmen bei geringen Kosten eine außerordentlich hohe Wirkung erzielen will.

> **Merke!**
>
> **Guerilla Marketing** ist die Basis vieler innovativer Ansätze des Entrepreneurial Marketing und strebt danach, mit möglichst geringem Mitteleinsatz extrem hohe Wirkung zu erzeugen, was über besonders einfallsreiche und kreative Aktionen gelingen kann.

Der Gedanke, Marketing wie ein Guerilla zu betreiben [10] geht bis in die 1980er Jahre zurück. Das martialische Bild des Guerillas soll deutlich machen, dass es nicht um gleich starke Konkurrenten geht, die miteinander in Wettbewerb um Kunden treten, sondern dass ein asymmetrisches Verhältnis zwischen dem eher kleinen, kreativen Marktteilnehmer (Guerilla) und seinen etablierten Wettbewerbern besteht. Der Guerilla lässt sich nicht auf Auseinandersetzung im Markt ein, die nicht zu gewinnen sind (bspw. über „TV-Werbeschlachten", die nur mit immensen Budgets zu bewerkstelligen sind), sondern kompensiert seine nachteilige Position durch unternehmerische Eigenschaften wie Kreativität, Flexibilität und Schnelligkeit.

Das **Guerilla Marketing** wird zwar oftmals mit einem reinen Marketing zu geringen Kosten gleichgesetzt [3], im Kern geht es jedoch um außergewöhnliche Vorgehensweisen mit exzeptioneller Wirkung [15]. Damit kann das Guerilla Marketing als Wegbereiter des Entrepreneurial Marketing verstanden werden. Nur auf die Kosten der Marketingmaßnahmen zu schauen, würde jedoch in einem simplen Effizienzstreben resultieren – der Charme des Guerilla Marketing liegt jedoch gerade darin, dass es Effizienz (das Marketing richtig betreiben) und Effektivität (das richtige Marketing betreiben) kreativ und bestmöglich zueinander bringt. Besonders viel Potenzial liegt insbesondere im Online-Bereich (▶ Abschn. 5.2) verborgen, denn geschickt gestaltete Guerilla-Aktivitäten können sich hier leicht viral verbreiten [5]. Das Beispiel des Autovermieters Sixt eignet sich gut dazu, nachzuvollziehen, mit welchem Potenzial Guerilla Marketing einhergeht und wie dieses zentrale Element des Entrepreneurial Marketing auch von etablierten Unternehmen zielgerichtet eingesetzt werden kann.

Beispiel: Provokant und brandaktuell: Guerilla Marketing bei Sixt

Sixt lässt sich wohl kaum der Kategorie des jungen Wachstumsunternehmens zuordnen und leidet auch nicht unter den Liabilities of Smallness und Newness. Dennoch ist das 1912 gegründete Unternehmen ein gutes Beispiel für Entrepreneurial Marketing, speziell für das Guerilla Marketing. Der Autovermieter ist dafür bekannt, mit einfachen Mitteln Werbung zu machen, die sich vor allem durch Brisanz und Provokation auszeichnet. So greift die Autovermietung insbesondere aktuelle Skandale aus der Politik und der Boulevardpresse auf und verbindet diese durch einen humorvollen Slogan mit dem Angebot des Unternehmens. Der Aufwand für diese Kampagnen ist äußerst gering, denn die Prominenten werden weder eingebunden noch bezahlt, die mediale Wirkung ist dafür meist umso größer.

Nach dem schlechten Wahlergebnis der FDP bei der Bundestagswahl 2013 warb Sixt beispielsweise mit dem Slogan „mehr Sitze als die FDP – die günstigen Angebote von Sixt" für die Vermietung von Autos. Aber auch Prominente, wie z. B. die Mitglieder der Königshäuser, gelangen in den Fokus der Aufmerksamkeit. So schaltete Sixt am Tag der Hochzeit von Charles und Camilla ein Plakat mit Foto der beiden und dem Slogan „Für alle, die ihre Freundin nicht mehr verstecken müssen – Günstige Cabrios unter ▶ www.sixt.de". Die Plakate sind immer in den Sixt Unternehmensfarben dargestellt und neben einem provokanten, leicht verständlichen Slogan, wird dieser oft durch ein passendes Bild unterstützt. Weiterhin ist der Zeitpunkt der Schaltung der Werbung entscheidend, denn meist sind solche Skandale und dementsprechend auch die Werbung, welche damit verknüpft ist, nur kurzzeitig von Interesse.

Seit der Etablierung des Internets wird der Werbeeffekt im Printbereich auch durch Online-Werbung, insbesondere in den sozialen Medien, erhöht. Doch die unkonventionellen, provozierenden Aussagen sind auch mit einem gewissen Risiko behaftet. Zum einen gab es in der Vergangenheit Anzeigen von Prominenten, welche aber abgewiesen wurden, weil Sixt die rechtlichen Anforderungen beachtet. Demnach werden die Personen neutral abgebildet, nicht der Eindruck erweckt, der Prominente identifiziere sich mit dem Unternehmen oder Produkt, und eine Aussage getroffen, die eindeutig eine Meinungsäußerung ist.

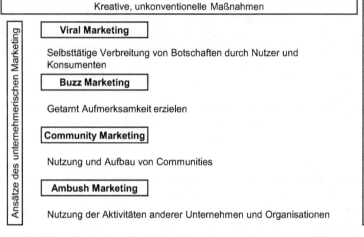

○ **Abb. 5.1** Innovative Ansätze des Entrepreneurial Marketing (in Anlehnung an [15])

Zum anderen ist es auch eine Gratwanderung, den richtigen Ton zu treffen. So wurde eine Form von Ambush-Marketing 2010 stark kritisiert. Sixt hatte auf einer Protestveranstaltung gegen Castor Transporte Banner, Flugblätter und T-Shirts mit der Aufschrift „Stoppt teure Transporte! Mietet Van & Truck von Sixt!" bedruckt. Sixt nutzt Entrepreneurial Marketing komplementär zu klassischen Marketingmaßnahmen, wie zum Beispiel dem Sponsoring, aber auch den meist effektvollen Installationen an Flughäfen, wie von der Decke hängenden Autos. Als Auszeichnung für die gelungene Gesamtmarketingleistung erhielt Sixt den Münchner Marketingpreis 2014.

Der Kerngedanke des Guerilla Marketing bestimmt auch etliche weitere innovative Ansätze des Entrepreneurial Marketing, die ebenfalls das Ziel haben, mit überschaubarem Aufwand eine größtmögliche Wirkung zu erzielen. Hierzu zählen beispielsweise das Buzz Marketing, dass Community Marketing, das Ambush Marketing und auch das virale Marketing [15]. ○ Abbildung 5.1 fasst die wesentlichen Ziele dieser innovativen Ansätze zusammen.

Ganz allgemein setzt das **virale Marketing** (▶ Abschn. 5.2) auf die verselbstständigte Verbreitung von Werbebotschaften. D. h., eine große Reichweite wird nicht über den Einsatz umfangreicher Ressourcen erreicht (wie beispielsweise beim Kauf von Werbeplätzen in Massenmedien), sondern darüber, dass die Botschaft so attraktiv und interessant gestaltet wird, dass Konsumenten sie aus eigenem Antrieb weiterverbreiten. Aufgrund dieses herausfordernden Ziels darf durchaus vom viralen Marketing als der Königsklasse des Entrepreneurial Marketing gesprochen werden. Der Ansatz ist zwar nicht vollständig neu, das Marketing hat schon immer in Teilen auf Mund-zu-Mund-Propaganda gesetzt. Durch neu entstandene Möglichkeiten der Verbreitung in Online-Medien hat der Ansatz jedoch seit den späten 1990er Jahren vermehrt an Bedeutung gewonnen.

Das *Buzz Marketing* [16] ist aus Sicht des Entrepreneurial Marketing die logische Fortführung (oder Erweiterung) bekannter klassischer Ansätze wie beispielsweise dem Product Placement. Materiell incentivierte Privatpersonen, die sogenannten Buzz Agents, sprechen hier in ihrem privaten Umfeld oder auch an öffentlichen Plätzen positiv über das zu bewerbende Angebot. Ziel ist die Erregung von Aufmerksamkeit – der Ansatz setzt darauf, dass sich die Marketing-Botschaft anschließend viral weiterverbreitet, d. h., dass in der Folge auch Privatpersonen über das Unternehmensangebot sprechen, die eben nicht materiell incentiviert werden.

Das *Community Marketing* [15] schließt an klassische Marketinginstrumente wie das Direktmarketing, Kundenclubs oder auch das Customer Relationship Management an. Es zielt ab auf die Nutzung bestehender oder die neue Entwicklung von produktbezogenen Gemeinschaften (sog. Communities) – dies insbesondere in Online-Medien.

Ambush Marketing [2] hingegen orientiert sich an den Aktivitäten anderer Unternehmen und Organisationen und strebt danach, diese zu nutzen, um die eigenen Marketingziele zu erreichen. Der Begriff Ambush (eng. Hinterhalt) deutet dabei an, dass es sich um eine Form des Marketings handelt, die im Extremfall unethisch oder sogar illegal sein kann – daher werden gelegentlich auch abwertende Bezeichnungen wie „Schmarotzermarketing" [15] verwendet. Dies jedoch eben nur im Extremfall – Ambush Marketing kann auch als die logische Fortführung der klassischen Konkurrenzpolitik verstanden werden, wobei versucht wird, an bestehende Aufmerksamkeit anzuknüpfen. Das kann auch im Bereich der Public Relations funktionieren, wenn über Pressemitteilungen an Ereignisse angeknüpft wird, die eigentlich die Konkurrenz betreffen (▶ Abschn. 6.3).

> ❯ Auf den Punkt gebracht: Entrepreneurial Marketing ist unabhängig von der Größe und vom Entwicklungsstand eines Unternehmens. Es vereinigt eine unternehmerische Perspektive mit der Marketingperspektive, woraus etliche innovative Marketinginstrumente entstanden sind. Viele dieser innovativen Marketinginstrumente können als Guerilla Marketing verstanden werden – hierzu zählen das virale Marketing, das Buzz Marketing, das Community Marketing oder auch das Ambush Marketing.

5.2 Wie profitieren Entrepreneure von Online- und Viral-Marketing?

Das Marketing über digitale Medien (Internet und Mobile), also das Online-Marketing, ist diejenige Form des Marketings, die gerade von Unternehmensgründern

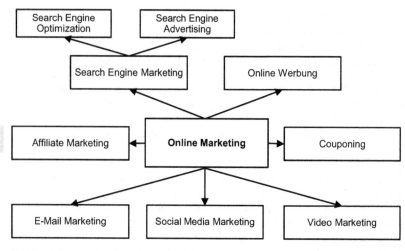

◘ Abb. 5.2 Instrumente des Online-Marketing (in Anlehnung an [8])

mit viel Potenzial gesehen wird [18]. Dies liegt unter anderem in seiner potenziellen Zielgenauigkeit begründet, d. h. insbesondere materiell knapp ausgestatte junge Unternehmen können über das Online-Marketing außerordentlich gut den Erfolg ihrer Marketingmaßnahmen evaluieren (▶ Abschn. 5.3) und verhältnismäßig einfach mit ihrer Zielgruppe in Kontakt treten. Gleichzeitig stellt die digitale Wirtschaft eines der innovativsten und dynamischsten Wettbewerbsumfelder dar, woraus regelmäßig unternehmerische Gelegenheiten entstehen, die dann auch von Unternehmensgründern genutzt werden [7]. Gerade Unternehmensgründungen in diesem Wettbewerbsumfeld sind ohne ein stringentes Online-Marketing nicht denkbar [14].

◘ Abbildung 5.2 fasst die zentralen Instrumente des **Online-Marketing** zusammen, die in den letzten Jahren entstanden sind. Alle diese Instrumente zielen darauf ab, die Website des jungen Unternehmens, die man in der digitalen Wirtschaft als den zentralen Standort des Unternehmens betrachten muss, bekannt zu machen, ein hohes Nutzeraufkommen (Traffic) für diese zu generieren und so Kunden für das Angebot zu gewinnen.

Merke!

Online-Marketing als Instrument des Entrepreneurial Marketing besteht aus sämtlichen Maßnahmen, die dazu dienen können, potenzielle Kunden zum Zwecke der Anbahnung einer Transaktion auf die Website eines Unternehmens zu lenken.

Die *Instrumente* umfassen im einzelnen [8]:

- Die Online-Werbung ist am ehesten mit der klassischen Werbung in Massenmedien vergleichbar – es werden Werbebotschaften, beispielsweise über das Schalten von Bannerwerbung, an potenzielle Kunden übermittelt.
- Search Engine Marketing (SEM) setzt an der Erfahrung an, dass etwa die Hälfte aller Kaufprozesse im Internet über die Abfrage einer Suchmaschine initiiert werden. Damit stellen sich dem Marketing zwei Aufgaben: Zum einen muss das eigene Webangebot so gestaltet werden, dass Suchmaschinen dieses auffinden können und prominent in ihren Suchergebnissen präsentieren (Search Engine Optimization – SEO). Zum anderen besteht die Möglichkeit, Werbeeinblendungen bezahlt an bestimmte Suchabfragen zu koppeln (Search Engine Advertising – SEA).
- Affiliate Marketing hingegen generiert Traffic über Partnerseiten (Affiliates), die i. d. R. für abgeschlossene Transaktionen (Conversions) eine Provision erhalten.
- Über Couponing werden Gutscheine verteilt, die Kunden den Erwerb des Angebots zu attraktiven Konditionen ermöglichen. Dies stellt gerade für junge Unternehmen eine interessante Option dar, ihr Angebot in den Markt einzuführen, da die kundenseitige Skepsis mit Hilfe des geringeren Preises ein Stück weit reduziert werden kann.
- E-Mail Marketing nutzt das Versenden von E-Mails nicht nur um neue Kunden zu gewinnen, sondern auch um Bestandskunden zu pflegen. Dies gelingt insbesondere durch den regelmäßigen Versand beispielsweise von Newslettern oder Hinweisen auf zeitlich begrenzte Angebote.
- Video Marketing nutzt die eigene Website oder auch Videoplattformen im Internet, um dort kurze Filme mit Werbebotschaften unterzubringen und gegebenenfalls virale Effekte zu provozieren.
- Das Social Media Marketing nutzt insbesondere soziale Netzwerke, um Aufmerksamkeit zu erzeugen. Social Media Marketing ist hochgradig interaktiv und stellt das Entrepreneurial Marketing daher vor große Herausforderungen – gleichzeitig kann das Unternehmen von Netzwerkeffekten und potenzieller Viralität profitieren.

Die Herausforderungen im **Social Media Marketing** resultieren aus einem eklatant veränderten Kommunikationsprozess im Vergleich mit dem klassischen Marketing (◘ Abb. 5.3). Der klassische Marketingkommunikationsprozess strebt danach, seine Werbebotschaften möglichst direkt zum Empfänger zu bewegen. Ist die Botschaft angemessen gestaltet und trifft auf den richtigen Empfänger, so kommt es im bestmöglichen Fall zur Transaktion (Effekt/Feedback). Diese Sichtweise verschiebt sich mit dem Social Media Marketing – hier geht es im ersten Schritt darum, eine kritische Masse von Folgern (Followern) aufzubauen, die zwar ganz im traditionellen

Klassischer Marketingkommunikationsprozess

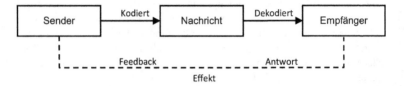

Kommunikationsprozess mit Social Media-Einsatz

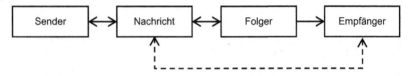

◘ Abb. 5.3 Der Kommunikationsprozess mit Einsatz von Social Media [18]

Verständnis selbst Empfänger sein können und damit potenziell Kunden werden, die aber gleichzeitig ebenfalls als Sender aktiv werden können, indem sie die Botschaften des Unternehmens weiter in ihrem Netzwerk verbreiten.

Merke!

Social Media Marketing als Instrument des Entrepreneurial Marketing dient dazu, große Reichweiten bei überschaubarem Aufwand über die Kommunikation insbesondere in sozialen Netzwerken zu erreichen.

Das Marketing enthält damit eine weitere Unsicherheitsdimension, da nicht kontrolliert werden kann, wie und in welcher Form diese Weiterverbreitung geschieht – gleichzeitig ist das Social Media Marketing aber außerordentlich attraktiv, da mit überschaubarem Aufwand sehr große Reichweiten erzeugt werden können. Für Unternehmensgründer, die Social Media Marketing angemessen in ihren Entrepreneurial Marketing Mix einbauen wollen, gilt [18]:

- Social Media Marketing kann ein geeignetes Mittel sein, um die Zielgruppe zu erreichen. Hierfür muss zuerst geklärt werden, ob die Zielgruppe überhaupt Social Media verwendet (was beispielsweise bei Geschäftskunden oder älteren Zielgruppen nicht immer der Fall sein muss).
- Social Media Marketing darf nicht das einzige Marketinginstrument bleiben. Gerade für internetaffine Unternehmensgründer ist es attraktiv, ihre Marketingbemühungen allein hierauf zu konzentrieren – diese Bemühungen müssen

jedoch mit anderen Marketinginstrumenten kombiniert werden, um das volle Potenzial des Entrepreneurial Marketing zu heben.

▬ Die Reaktionen innerhalb von Social Media müssen laufend überwacht werden. Gerade negative Kommentare verbreiten sich sehr schnell. Das Entrepreneurial Marketing kann hier punkten, wenn Probleme frühzeitig erkannt und im direkten Kontakt mit den Kunden schnell gelöst werden. Es besteht damit die Chance, dass gerade junge Unternehmen ihre Stärken (Flexibilität/Schnelligkeit) über Social Media Marketing ausspielen.

▬ Die verwendete Sprache im Social Media Marketing muss sich dem Umfeld anpassen – sie darf nicht zu persönlich werden, sollte aber auch nicht zu streng beziehungsweise unangemessen professionell wirken. Posts müssen dabei immer relevant und interessant gestaltet werden.

Trotz seiner augenscheinlichen Attraktivität geht das Social Media Marketing jedoch auch mit einer Reihe möglicher Schwierigkeiten einher [5]. So kann diese Form des Marketings nicht ohne einen übergeordneten Plan funktionieren, scheitert regelmäßig an fehlender Nachhaltigkeit und unregelmäßiger Beteiligung an den Diskussionen in den sozialen Netzwerken. Gleichzeitig läuft es Gefahr aufgrund mangelnder Vorbereitung und uneinheitlichem Auftritt (bspw. wenn mehrere Personen für die Social Media Marketing Aktivitäten verantwortlich sind) nicht wirklich erfolgreich zu sein.

Virales Marketing ist durch das Social Media Marketing in jüngerer Zeit zu verstärkter Wahrnehmung gelangt – online wird es jedoch schon seit den 1990er Jahren betrieben und im Kern ist die Grundidee des viralen Marketing noch älter. Virales Marketing gestaltet seine Botschaften mit Absicht so, dass andere Marktteilnehmer diese aus freien Stücken und kostenlos weiterverbreiten.

Merke!

Virales Marketing als Instrument des Entrepreneurial Marketing setzt auf Mund-zu-Mund-Propaganda in der Zielgruppe des Unternehmens. Dabei werden vor allem Online-Medien und soziale Netzwerke als Instrumente eingesetzt.

◨ Abbildung 5.4 stellt die Grundidee des viralen Marketing dem klassischen Online-Marketing gegenüber. Ein klassisches Beispiel für den Einsatz viralen Marketings ist die Gründungshistorie von Tupperware. Als der Gründer Earl S. Tupper feststellte, dass sich seine Kunststoffprodukte für den Haushalt über den Einzelhandel nur schlecht verkauften, fand er die Lösung über Verkaufsveranstaltungen (Tupperparty), auf denen private Gastgeber die Produkte ihren Freunden und Bekannten erklären. Dieser als Network Marketing (Verkauf in das Netzwerk der Gastgeber) bekannte Ansatz verbreitet sich viral, denn Gäste einer Tupperparty sind dazu motiviert, zu-

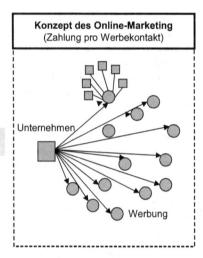

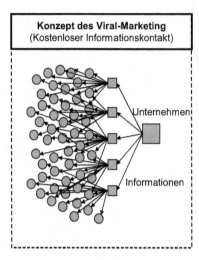

☑ **Abb. 5.4** Online-Marketing und virales Marketing im Vergleich [5]

künftig selber auch solche Veranstaltungen zu organisieren. D. h., wer einmal mit der Marketingbotschaft von Tupperware in Kontakt gekommen ist, tendiert dazu, diese selbst auch weiterverbreiten zu wollen.

Wie virales Marketing online ablaufen kann, verdeutlicht hingegen die Erfolgsgeschichte des Business Netzwerkes XING (vgl. auch das Fallbeispiel in ▶ Abschn. 3.3). Ursprünglich als OpenBC (Open Business Club) im Jahr 2003 gegründet, hat der Gründer Lars Hinrichs im Entrepreneurial Marketing fast ausschließlich auf Mund-zu-Mund-Propaganda und virales Marketing gesetzt – beispielsweise indem Nutzer dazu motiviert wurden, ihr eigenes Netzwerk über Verweise auf ihr XING-Profil in Email-Signaturen oder auf der eigenen Website aufzubauen bzw. über die Plattform abzubilden. Der Erfolg gibt dem Unternehmen recht – Anfang 2015 kann es auf eine Marktkapitalisierung von mehr als 600 Millionen Euro verweisen.

Viral Marketing nutzt also Netzwerkeffekte (nicht nur, aber bevorzugt in digitalen Medien), um multiplikativ die Verbreitung von Werbebotschaften zu Kosten gegen Null zu erreichen. Diese Verbreitung kann mit exponentieller Geschwindigkeit einhergehen [5]. Die Botschaft verbreitet sich somit wie ein Virus und erreicht immer neue Empfänger – wobei jedoch nicht zu kontrollieren ist, wer genau am Ende mit der Botschaft konfrontiert wird. Geeignete Instrumente, um Werbebotschaften potenziell viral zu verbreiten finden sich mit [5]

━ Einträgen in Suchmaschinen/Linklisten,
━ dem Angebot kostenloser Leistungen,

- der Beteiligung in Foren/Chats,
- dem Errichten von Weiterempfehlungsmöglichkeiten oder auch
- der Initiierung von Gewinnspielen.

Wie sich Marketingbotschaften ganz konkret viral verbreiten können, macht das Beispiel des Startups everbasics deutlich – gleichzeitig zeigt das Beispiel, worin die Gefahren der unkontrollierten Verbreitung liegen können.

Beispiel: Wie sich Marketingmaßnahmen im Internet wie ein gefährlicher Virus ausbreiten können

Die Euphorie großer Sportereignisse, wie beispielsweise der FIFA WM, nutzen viele Unternehmen, indem sie Marketingmaßnahmen damit verknüpfen. Dass des einen Glück manchmal des anderen Leid sein kann, weil sich einmal kommunizierte Rabattaktionen nur schwer aufhalten lassen, zeigt das Beispiel des Startups everbasics.

Das 2011 gegründete Unternehmen bietet online Markenmännermode an und setzt dabei auf den Shopping-Verdruss einiger Männer. So können Mode-Basics, wie Socken, Unterwäsche oder Hemden im praktischen Abonnement bestellt werden, aber auch einmalige Bestellungen sind möglich. Im Fußball WM Fieber 2014 hielten es die beiden Gründer von everbasics für eine innovative Idee, ihren Stammkunden etwas Gutes zu tun, indem sie 10 % Rabatt für jedes deutsche Tor für das nächste Spiel versprachen und dadurch vielleicht auch ein paar Neukunden zu gewinnen. Nach mehreren mit einem oder zwei Toren gewonnen Spielen folgte das legendäre 7:1 der deutschen Nationalelf gegen Brasilien, was einen Rabatt von 70 % bedeutete. In den ersten Stunden der Aktion bestellten auch nur die Stammkunden, doch dann breitete sich die Nachricht des hohen Rabatts über diverse Schnäppchen-Foren aus und war nicht mehr aufzuhalten.

Entsprechend trafen viele Bestellungen von Einmalkunden außerhalb der Zielgruppe ein, also auch ausgesprochene Schnäppchenjäger. Aufgrund der hohen Nachfrage folgte nach kurzer Zeit der Zusammenbruch des Servers. Die Nichterreichbarkeit der everbasics-Seite in Kombination mit einer nachträglichen Eingrenzung des Rabatts auf Lagerware führte zu einer Welle der Empörung in den sozialen Medien. Um die Kunden zu besänftigen, wurden auch Bestellungen per Email angenommen. Knapp drei Wochen später gab es zudem ein „Nachholspiel", so gab es erneut 70 % Rabatt auf die Restbestände. Die beiden Gründer hatten die Viralität, die vermutlich durch die Verknüpfung der Rabatt-Aktion mit dem freudigen Sportevent ausgelöst wurden, klar unterschätzt, denn andere, selbst hohe, Rabattaktionen hätten bei weitem nicht so viel Zuspruch gefunden.

Tödlich war der Virus in diesem Fall glücklicherweise nicht und rückblickend bewerten die Gründer diese WM-Aktion dennoch positiv, da everbasics innerhalb von nur 36 Stunden seinen Bekanntheitsgrad deutlich steigern konnte. Weiterhin haben die beiden daraus gelernt, dass solche Maßnahmen gut geplant sein und die Spielregeln im Vorfeld klar kommuniziert werden müssen, um Unmut bei den Kunden zu vermeiden.

Virales Marketing kann also auch wie im Fall von everbasics ungewollt entstehen. *Erfolgreich* sind virale Kampagnen immer dann, wenn sie ein hohes Involvement bei denjenigen erzeugt haben, die die Botschaft verbreiten sollen (Intermediäre), was die zentrale Vorbedingung für das letztliche Erfolgsmaß der viralen Kampagne ist: eine hohe Reichweite. Die faktisch erzielte Reichweite ist je nach Kampagne allerdings nur schwer zu ermessen. Abhängig von der Qualität des Inhalts lässt sich jedoch schon vorab auf den potenziellen Erfolg schließen. Kreativität und Einzigartigkeit der Botschaft sind unerlässliche Voraussetzungen – erreicht werden kann dies beispielsweise über humorvolle und skandalöse Botschaften. Wenn es gelingt, solche Botschaften zu generieren, trägt dies immens zur Verbreitung bei – gelingt dies allerdings nicht, so ist mit einer außerordentlich negativen Wahrnehmung in der Zielgruppe zu rechnen. Skandalöse Botschaften eigenen sich vielfach dazu, von Intermediären kommentiert und damit verbreitet zu werden – sie können jedoch auch abschreckend wirken und so den Erfolg der viralen Kampagne gefährden.

> **Auf den Punkt gebracht:** Online-Marketing ist ein bedeutsames Instrument des Entrepreneurial Marketing. Die zahlreichen Instrumente des Online-Marketing sind in den letzten Jahren über das Marketing in sozialen Netzwerken (Social Media Marketing) ergänzt worden. Diese Form des Marketings ist gerade deswegen attraktiv, weil sie mit dem Potenzial der viralen Verbreitung von Marketingbotschaften einhergeht. Das heißt, Botschaften verbreiten sich zu überschaubaren Kosten exponentiell und mit großer Geschwindigkeit, was zu exorbitanten Reichweiten im Entrepreneurial Marketing führen kann.

5.3   Wie können innovative Marketingansätze durch Controlling gesteuert werden?

Controlling (und damit auch das Marketing Controlling) in jungen Unternehmen unterscheidet sich deutlich vom Controlling in etablierten Unternehmen [6]. Vielfach wird es von Unternehmensgründern vernachlässigt – die *rationale Steuerung* des Unternehmens und gerade auch der Bemühungen des Entrepreneurial Marketing sind jedoch unerlässlich für den Erfolg. Generell hat das Controlling eine ganze Reihe von Funktionen zu leisten [13]. Neben der reinen Erfüllung gesetzlicher Auflagen geht es bei der Konzeption eines geeigneten Controllingsystems im Zuge der Unternehmensentwicklung primär darum, die laufende Steuerung des Unternehmens rational zu gestalten und dabei insbesondere die Kunden- und Marketingperspektive nicht zugunsten einer rein finanziellen Sichtweise zu vernachlässigen. Unternehmensgründer sollten sich frühzeitig mit dieser Thematik auseinandersetzen. Mit eventuell eintretendem Erfolg und der möglicherweise daraus entstehenden Option, externe Investoren aufzunehmen (▶ Abschn. 6.1), werden Forderungen an die Dokumentation und das Reporting laut, die eine stimmige, quantitative Datenhistorie erfordern, die üblicherweise nur unter großen Schwierigkeiten nachträglich aufgebaut werden kann. Controlling in jungen Unternehmen muss sich also entwickeln. Vielfach geschieht dies im Hinblick auf eine spätere Finanzierung mit Venture Capital [1]. Wichtiger ist jedoch zu verstehen, dass sich die grundlegende *Orientierung* des **Controlling** im Zeitablauf verschiebt. Während es in der Vorgründungsphase und direkt nach dem Markteintritt hauptsächlich darum geht, die Zahlungsfähigkeit des jungen Unternehmens sicherzustellen, um ihm so hinreichend Flexibilität zu ermöglichen (Liquiditätsorientierung), gilt es bald darauf, die Akzeptanz des Angebots am Markt zu steuern (Erfolgsorientierung) und in späteren Phasen vermehrt Wert zu generieren, um diesen in Teilen abschöpfen zu können (Wertorientierung). Gerade in der Phase der Erfolgs- und der Wertorientierung spielt die Kundenperspektive eine entscheidende Rolle – es braucht ein Entrepreneurial Marketing Controlling.

Merke!

Controlling von Entrepreneurial Marketing zielt nicht allein auf die Steuerung finanziellen Erfolgs, sondern ebenfalls auf die Sicherstellung von Kundenakzeptanz und Wertschöpfung.

Das Entrepreneurial Marketing Controlling dient dazu, Aufschluss über eine Reihe bedeutsamer und erfolgsrelevanter Fragen zu geben [19]:

- Funktioniert das Angebot (Produkt/Serviceleistung) so, wie vom Unternehmen zugesichert?
- Entspricht das Angebot (Produkt/Serviceleistung) darüber hinaus den Erwartungen der Kunden?
- Werden Leistungen zeitlich wie zugesichert geliefert und entspricht dieser Zeitpunkt den Bedürfnissen der Kunden?
- Trägt das Angebot dazu bei, Reputation für das junge, noch unbekannte Unternehmen aufzubauen?

Ein *Controllingsystem* zu errichten, das valide Antworten auf diese Fragen liefert, stellt das Entrepreneurial Marketing regelmäßig vor große Herausforderungen. Diese liegen in Widersprüchen zwischen den Anforderung an das Controlling und der spezifischen Situation junger Unternehmen begründet [13]. So benötigt der Aufbau eines Controllingsystems eine langfristige, strategische Ausrichtung, die aber in eklatantem Gegensatz zum kurzen Planungshorizont eines jungen Unternehmens steht – insbesondere dann, wenn es noch auf der Suche nach einem funktionsfähigen Geschäftsmodell ist (▶ Kap. 4) oder beispielsweise nach dem Lean Startup Ansatz (▶ Abschn. 3.2) entwickelt wird, sodass das junge, unausgereifte Unternehmen noch keine klare Positionierung am Markt vorweisen kann. Flexibilität und Geschwindigkeit der Entscheidungsfindungen gehen dann vor. Gelegentlich steht auch der große Enthusiasmus der Gründer über die entdeckte unternehmerische Gelegenheit im Widerspruch zur Notwendigkeit, möglichst rationale Entscheidungen zu treffen. Controlling wird dann nur als lästig und zeitraubend empfunden. Am Ende verhindert oftmals auch die mangelnde Ausstattung, dass Controllingsysteme entstehen, die den Anforderungen in etablierten Unternehmen (wie beispielsweise denen von Investoren) genügen würden.

Abhilfe kann ein Fokus auf die *zentralen Werttreiber* [6] im Entrepreneurial Marketing schaffen. Wie das gelingt, verdeutlicht das Beispiel des Inkubators Hanse Ventures, der das Marketing seiner Investitionsobjekte rigoros steuert, dieses Controlling aber auch auf die spezifische Situation junger Unternehmen anpasst.

Beispiel: Die Bedeutung des Marketing Controlling am Beispiel Hanse Ventures

Gerade zu Beginn sind junge Unternehmen mit einer Reihe von Herausforderungen konfrontiert. Zu diesen Herausforderungen zählen unter anderem die hohe Unsicherheit hinsichtlich der Akzeptanz der eigenen Produkte am Markt, die geringe Markterfahrung sowie die begrenzten Ressourcen junger Unternehmen. Eine ständige Kontrolle der Wirksamkeit der Marketinginstrumente ist daher eine Grundvoraussetzung für junge Unternehmen, um diesen internen und externen Herausforderungen begegnen zu können. Ein Beispiel-Unternehmen, welches Marketing Controlling sehr erfolgreich einsetzt, ist der Inkubator Hanse Ventures.

Seit 2010 entwickelt das Hamburger Unternehmen eigene Geschäftskonzepte im Bereich Internet und Mobile und setzt diese mit passenden Gründerteams um. Im Portfolio des Unternehmens befinden sich mehr als zehn junge Unternehmen, deren Wachstum mit den von Hanse Ventures bereitgestellten Ressourcen und Kompetenzen beschleunigt werden soll. Das Angebot der Unterstützungsleistungen ist dabei sehr umfassend und beinhaltet beinahe sämtliche Funktionen wie Finanzierung, Management, Business Development, Programmierung und Design, Marketing und Human Resources. Natürlicherweise sind die Ressourcen und Kompetenzen des Inkubators wie auch seiner Gründungen beschränkt, wobei Entscheidungen darüber getroffen werden müssen, welche Portfolio-Unternehmen auf welche Weise und für wie lange unterstützt werden sollen.

In diesem Zusammenhang nimmt das Marketing Controlling eine zentrale Bedeutung bei Hanse Ventures ein, da sich hiermit nicht nur die Wirksamkeit der Marketinginstrumente ermitteln lässt, sondern auch eine praktische Entscheidungshilfe für Strategiewechsel bzw. die Fortführung von Projekten zur Hand ist. Je nach Unternehmensschwerpunkt definiert Hanse Ventures unterschiedliche Kennzahlen. Um daraus sinnvolle Rückschlüsse ziehen zu können und dabei zeitgleich ein möglichst vollständiges Bild zu erhalten, verwendet das Unternehmen nicht nur eine Kennzahl, sondern zumeist einen bunten Strauß unterschiedlicher Instrumente. Qualitative Kriterien, wie beispielsweise das direkte Kundenfeedback, werden gleichermaßen berücksichtigt wie quantitative Kennzahlen (z. B. Akquisitionskosten für Neukunden oder Wiederkaufrate). Ausgehend von der Frage, wie bestimmte Zielgruppen effektiv erreicht werden können, ermöglicht das Marketing Controlling den Entscheidern von Hanse Ventures, potentielle Chancen und Herausforderungen ihrer Projekte frühzeitig zu identifizieren sowie aus den Erfolgen bzw. Misserfolgen zu lernen. Gerade zu Projektbeginn ist eine laufende Kontrolle wichtig, um Trends feststellen zu können. Weisen die Kennzahlen beispielsweise darauf hin, dass bestimmte Kanäle nicht dazu geeignet sind die Zielgruppe zu erreichen, müssen alternative Wege gefunden werden oder bei Nichtgelingen das Projekt endgültig gestoppt werden. Klar definierte Meilensteine nach denen entschieden wird – wobei auch ein knappes Nichterreichen zum Abbruch des Unternehmens führen kann – sind dabei eine Grundvoraussetzung. Nur so können die begrenzten Ressourcen bestmöglich eingesetzt und schlussendlich auch das volle Potenzial des Marketing Controllings gehoben werden.

In einem übergeordneten Controllingsystem, wie beispielsweise einer Balanced Score Card für junge Unternehmen [17] muss also vor allen Dingen der Kundendimension gesteigerte Aufmerksamkeit zuteilwerden, um das Entrepreneurial Marketing Controlling gelingen zu lassen. Die zu berücksichtigenden Kennzahlen sind unternehmensindividuell und sollten sowohl qualitative als auch quantitative Werttreiber reflektieren [6]. Wenn ein solches individuelles Controllingsystem für das Entrepreneurial Marketing aufgebaut wird, bieten sich nach [17] vier konkrete *Entwicklungsschritte* an:

1. Im ersten Schritt müssen diejenigen Kennzahlen ausgewählt werden, welche die strategischen Ziele am besten abbilden. Für ein Unternehmen, dessen Geschäftsmodell auf Marktdominanz zielt, kann das beispielsweise der Marktanteil sein, für ein Unternehmen, das weniger ambitionierte Ziele hat, mag es frühe Kundenprofitabilität sein. Dabei ist es wichtiger, Kennzahlen auszuwählen, die eng an die Strategie zu binden sind, als Kennzahlen, die einfach zu messen sind.

2. Als nächstes müssen eigene, unternehmensspezifische Kennzahlen entwickelt werden. Gerade innovative Kennzahlen stellen das Entrepreneurial Marketing vor eine große Herausforderung. So argumentierten in den späten 1990er Jahre viele Internet-Startups mittels der Kennzahl der „eyeballs" (Internetnutzer, die eine Website besucht und gesehen hatten) für ihren Erfolg – selbst dann wenn aus diesen „eyeballs" keine konkreten Transaktionen entstanden. Vor allem innovative und individuelle Kennziffern müssen also auf ihre Erfolgsrelevanz hinterfragt werden.

3. Auf der Identifizierung der möglichen Kennziffern baut die Identifikation möglicher Datenquellen für die Kennzahlen auf. Dieser Schritt darf niemals zum ersten Schritt im Aufbau eines Controllingsystem werden – Datenverfügbarkeit kann nicht das System bestimmen, vielmehr haben sich Daten nach den strategischen Erfordernissen zu richten.

4. Zuletzt gilt es die finalen Zielwerte festzulegen, um Soll-/Ist-Vergleiche im Steuern des Entrepreneurial Marketing zu ermöglichen.

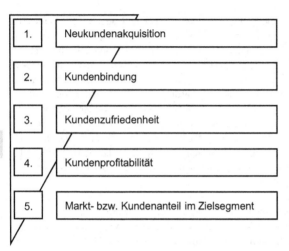

■ **Abb. 5.5** Kundenkern-kennzahlen des Marketing Controllings (in Anlehnung an [19])

1.	Neukundenakquisition
2.	Kundenbindung
3.	Kundenzufriedenheit
4.	Kundenprofitabilität
5.	Markt- bzw. Kundenanteil im Zielsegment

Auch wenn das Controlling des Entrepreneurial Marketing unternehmensindividuell gestaltet werden muss, so bietet die Hierarchisierung in ■ Abb. 5.5 einen Orientierungspunkt, auf welche strategische Komponente im Zuge der Unternehmensentwicklung primär abgestellt werden sollte [19]. Zuerst gilt es einen Kundenstamm aufzubauen, weshalb sich das Controlling vor allen Dingen auf die *Neukundenakquisition* konzentrieren sollte – beispielsweise, indem der Aufwand für Neukundenakquise verfolgt wird. Da diese Kosten erfahrungsgemäß weit über dem Aufwand für die Gewinnung von Folgeaufträgen von Bestandskunden liegen, verschiebt sich der Fokus im zweiten Schritt hin zu Kennzahlen, die Aufschluss über die *Kundenbindung* gewähren. Kundenbindung gelingt vor allem über eine hohe *Kundenzufriedenheit*, die mit Hilfe von Kundenzufriedenheitsindizes oder auch einem systematischen Beschwerdemanagement verfolgt werden kann. Zeigt sich, dass der Kundenstamm grundsätzlich zufrieden ist, so verschieben sich die Ziele erneut und es gilt nun, zwischen guten und schlechten Kunden zu unterscheiden und die *Kundenprofitabilität* ins Zentrum zu rücken. Viele Unternehmensgründer vermeiden diesen Schritt aus einer falsch verstandenen Kundenorientierung heraus, und gefährden so langfristig den Erfolg ihres Unternehmens. Gelingt es jedoch, sich mit Hilfe des Entrepreneurial Marketing Controlling auf die richtigen Kunden zu fokussieren, so ermöglicht dies im letzten Schritt den *Markt- bzw. Kundenanteil im Zielsegment* stärker zu verfolgen.

❱ **Auf den Punkt gebracht: Entrepreneurial Marketing muss gesteuert werden – dies leistet das Entrepreneurial Marketing Controlling. Entsprechende Controllingsysteme sind unternehmensindividuell und setzen phasenabhängig unterschiedliche Schwerpunkte.**

5.4 Lern-Kontrolle

Kurz und bündig

Eine ganze Vielfalt von innovativen Marketinginstrumenten wird möglich, wenn die unternehmerische Perspektive mit der Marketingperspektive zusammengeführt wird. Die meisten dieser Instrumente beruhen auf dem Konzept des Guerilla Marketing, das Größennachteile durch Kreativität kompensiert. Diese Kreativität macht die innovativen Marketinginstrumente des Entrepreneurial Marketing auch für etablierte Unternehmen interessant. Die meisten Möglichkeiten ergeben sich im Bereich des Online-Marketing und des Social Media Marketing, da Kampagnen dort potenziell viral werden können, d.h. Marketingbotschaften verbreiten sich exponentiell schnell zu verhältnismäßig geringen Kosten und erzielen so eine große Reichweite. Ein unternehmensindividuelles Controlling des Entrepreneurial Marketing ist dabei unerlässlich – geeignete Controllingsysteme und deren Ziele entwickeln sich abhängig vom Entwicklungsstand des Unternehmens.

❷ Let's check

1. Definieren Sie das Guerilla Marketing. Welche innovativen Marketingansätze beruhen auf dem Konzept des Guerilla Marketing?
1. Wie verändert sich der Marketingkommunikationsprozess, wenn Social Media Marketing betrieben wird?
2. Nennen und erläutern Sie die phasenabhängigen Ziele, die im Fokus eines Entrepreneurial Marketing Controlling stehen können.

❷ Vernetzende Aufgaben

1. Identifizieren Sie einige viral angelegte Online-Marketingkampagnen. Machen Sie sich einen Eindruck vom Erfolg dieser Kampagnen und suchen Sie dann Gründe, warum bestimmte Kampagnen überproportional erfolgreich waren und andere nicht.
2. Nehmen Sie das Fallbeispiel everbasics (▶ Abschn. 5.2). Welche Maßnahmen des Guerilla Marketing könnten dem Unternehmen helfen, weitere Bekanntheit zu erlangen?

❶ Lesen und Vertiefen

- Kollmann, T., Stöckmann, C. & Skowronek, S. (2012). E-Marketing: Herausforderungen an die Absatzpolitik in der Net Economy. *WiSt - Wirtschaftswissenschaftliches Studium* (4), 189–194.
- Rößl, D., Kraus, S., Fink, M. & Harms, R. (2009). Entrepreneurial Marketing. Geringer Mitteleinsatz mit hoher Wirkung. *Marketing Review St. Gallen* (1), 18–22.
- Seidenschwarz, W., Brinkmann, H. D., Linnemann, S., & Grandl, G. (2003). Kundenorientierung im Controlling junger Wachstumsunternehmen. In A.-K. Achleitner & A. Bassen (Hrsg.): *Controlling von jungen Unternehmen*, Stuttgart, 51–68.

Literatur

1   Achleitner, A.-K., & Bassen, A. (2003). Grundüberlegungen zum Controlling in jungen Unternehmen. In A.-K. Achleitner, & A. Bassen (Hrsg.), *Controlling von jungen Unternehmen* (S. 3–23). Stuttgart: Schäffer-Poeschel.

2   Carrillat, F., Colbert, F., & Feigné, M. (2014). Weapons of mass intrusion: the leveraging of ambush marketing strategies. *European Journal of Marketing, 48*(1/2), 314–335.

3   Gruber, M. (2004). Entrepreneurial Marketing. *Die Betriebswirtschaft, 64*(1), 78–100.

4   Hills, G. E., Hultman, C. M., & Miles, M. P. (2008). The Evolution and Development of Entrepreneurial Marketing. *Journal of Small Business Management, 46*(1), 99–112.

5   Kollmann, T. (2013). *Online-Marketing: Grundlagen der Absatzpolitik in der Net Economy.* Stuttgart: Kohlhammer.

6   Kollmann, T., & Kuckertz, A. (2003). Shareholder-Value-Ansatz als Basis für das Controlling in Start-up-Unternehmen. In A.-K. Achleitner, & A. Bassen (Hrsg.), *Controlling von jungen Unternehmen* (S. 199–220). Stuttgart: Schäffer-Poeschel.

7   Kollmann, T., Kuckertz, A., & Stöckmann, C. (Hrsg.). (2010). *E-Entrepreneurship and ICT Ventures: Strategy, Organization and Technology.* Hershey, PA: IGI Global.

8   Kollmann, T., Stöckmann, C., & Skowronek, S. (2012). E-Marketing: Herausforderungen an die Absatzpolitik in der Net Economy. *WiSt Wirtschaftswissenschaftliches Studium, 4,* 189–194.

9   Kuckertz, A., & Berger, E. (2013). Entrepreneure und Netzwerke. *WISU – Das Wirtschaftsstudium, 42*(8–9), 1071–1075.

10   Levinson, J. C. (2007). *Guerilla marketing: Easy and inexpensive strategies for making big profits from your small business.* London: Piatkus.

11   Mauer, R., & Grichnik, D. (2011). Dein Markt, das unbekannte Wesen: Zum Umgang mit Marktunsicherheit als Kern des Entrepreneurial Marketing. *Zeitschrift für Betriebswirtschaft, 81*(Special Issue 6), 59–82.

12   Morris, M. H., Schindehutte, M., & LaForge, R. W. (2002). Entrepreneurial Marketing: A Construct for Integrating Emerging Entrepreneurship and Marketing Perspectives. *Journal of Marketing Theory &amp Practice, 10*(4), 1–19.

13   Nietzer, P. G. (2003). Gestaltung des Controlling in Wachstumsunternehmen und Venture-Capital-Gesellschaften. In A.-K. Achleitner, & A. Bassen (Hrsg.), *Controlling von jungen Unternehmen* (S. 437–452). Stuttgart: Schäffer-Poeschel.

14   Peltier, J. W., & Scovotti, C. (2010). Enhancing entrepreneurial marketing education: the student perspective. *Journal of Small Business and Enterprise Development, 17*(4), 514–536.

15   Rößl, D., Kraus, S., Fink, M., & Harms, R. (2009). Entrepreneurial Marketing. Geringer Mitteleinsatz mit hoher Wirkung. *Marketing Review St. Gallen, 1,* 18–22.

16   Rosen, E. (2009). *The anatomy of buzz revisited: Real-life lessons in word-of-mouth marketing.* New York: Doubleday.

17   Schäffer, U., & Weber, J. (2003). Balanced Scorecard in Wachstumsunternehmen. In A.-K. Achleitner, & A. Bassen (Hrsg.), *Controlling von jungen Unternehmen* (S. 221–236). Stuttgart: Schäffer-Poeschel.

18   Sethna, Z., Jones, R., & Harrigan, P. (2013). *Entrepreneurial Marketing: A Global Perspective.* Bingley: Emerald.

19 Seidenschwarz, W., Brinkmann, H. D., Linnemann, S., & Grandl, G. (2003). Kundenorientierung im Controlling junger Wachstumsunternehmen. In A.-K. Achleitner, & A. Bassen (Hrsg.), *Controlling von jungen Unternehmen* (S. 51–68). Stuttgart: Schäffer-Poeschel.

20 Tyebjee, T. T., Bruno, A. V., & McIntyre, S. H. (1983). Growing ventures can anticipate marketing stages. *Harvard Business Review, 1,* 62–64.

Zielgruppenorientiertes Entrepreneurial Marketing

Andreas Kuckertz

A. Kuckertz, *Management: Entrepreneurial Marketing,* Studienwissen kompakt,
DOI 10.1007/978-3-658-08980-1_6, © Springer Fachmedien Wiesbaden 2015

Lern-Agenda

In diesem Kapitel werden Sie lernen,

- wie das Entrepreneurial Marketing dazu beiträgt, die Zielgruppe der Investoren zu gewinnen und zu binden,
- welche Instrumente Entrepreneurial Marketing nutzt und welche Anreize es setzt, um Mitarbeiter vom Unternehmen zu überzeugen,
- woran sich Public Relations für junge Unternehmen orientieren sollten und welche Instrumente dazu geeignet sind.

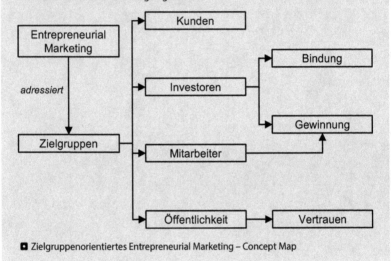

Zielgruppenorientiertes Entrepreneurial Marketing – Concept Map

6.1 Investoren als Zielgruppe des Entrepreneurial Marketing

Wenn Investoren junger Unternehmen in den Fokus des Entrepreneurial Marketing rücken, so verschiebt sich die Perspektive deutlich. Mittel zur Finanzierung eines Unternehmens einzuwerben bedeutet, ein vollkommen anderes Produkt als das eigentliche Angebot des Unternehmens am Markt zu platzieren [10] – es geht hier vielmehr darum, Eigenkapitalbeteiligungen oder auch die Kreditfähigkeit des Unternehmens an verschiedene Zielgruppen wie Business Angels, Venture Capital-Geber [8], die Crowd [1] oder Banken [15] erfolgreich zu vermarkten.

Das Einwerben finanzieller Ressourcen aus einer Marketingperspektive zu betrachten, ist nur auf den ersten Blick ungewöhnlich. ▢ Abbildung 6.1 zeigt den idealtypi-

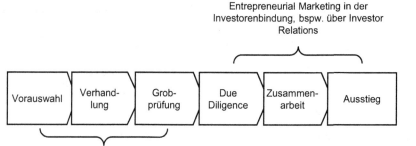

Entrepreneurial Marketing in der Investorenbindung, bspw. über Investor Relations

Vorauswahl | Verhand-lung | Grob-prüfung | Due Diligence | Zusammen-arbeit | Ausstieg

Entrepreneurial Marketing in der Investorengewinnung, bspw. über Pitches

◘ Abb. 6.1 Entrepreneurial Marketing zur Investorengewinnung und Investorenbindung

schen *Prozess der Aufnahme von Investoren* in ein junges Unternehmen. Dieser Prozess läuft in sechs Schritten von der ersten Identifikation potenzieller Investoren durch den Unternehmer bis hin zum Ausstieg der Investoren. Das Entrepreneurial Marketing bringt sich dabei in der ersten Hälfte des Prozesses ein, um Investoren zu überzeugen (*Investorengewinnung*), in der zweiten Hälfte dient es dazu, die Zusammenarbeit mit den Investoren zu gestalten und diese weiter für das junge Unternehmen zu begeistern (*Investorenbindung*).

Kern der erfolgreichen Investorengewinnung ist selbstverständlich eine valide unternehmerische Gelegenheit (▶ Abschn. 2.2), die in ein passendes Geschäftsmodell (▶ Abschn. 4.1) gegossen wurde und von einem kompetenten Unternehmer oder einem kompetenten Unternehmerteam umgesetzt wird. Dennoch muss die Investitionsgelegenheit an die Investoren „verkauft" werden – dazu dient in der frühen Phase insbesondere eine attraktive Darstellung in Form eines **Pitches**.

Merke!

Ein **Pitch** stellt ein Verkaufsgespräch in eigener Sache dar, in dem Unternehmensgründer danach streben, potenzielle Investoren (u. a. Venture Capital-Geber, Business Angels) bzw. Kunden von sich zu überzeugen.

Pitches führen also kapitalsuchende Unternehmer mit potenziellen Investoren sowie weiteren Interessengruppen zusammen [3]. Bei einem *Investoren-Pitch* gilt es, potenzielle Investoren für die Unterstützung neuer Ideen (Gründungsfinanzierung) bzw. die Finanzierung von Marktwachstums-strategien zu gewinnen. *Kunden-Pitches*

Objektive Bewertungskriterien	**Subjektive Bewertungskriterien**
Finanzielle Kriterien: • Return on Investment • Unternehmensbewertung (Valuation) Produktbezogene Kriterien: • Skalierbarkeit • Absatzzahlen • Produktrisiken Marktbezogene Kriterien: • Marktanteile • Marktrisiken • Marktvolumen • Allgemeine Konkurrenzsituation Rechtliche Kriterien: • Patentrechtliche Situation	• Kommunikationsfähigkeiten der Präsentierenden • Qualifikationen der Teammitglieder bzw. des Gründers • Generelle Teamzusammensetzung • Persönlichkeitsmerkmale der Gründer (Integrität, Realitätssinn, Flexibilität, Ehrlichkeit) • Soziale Anpassungsfähigkeit an variierende Situationen

◘ Abb. 6.2 Bewertungskriterien in Investoren-Pitches [3]

hingegen sind insbesondere im B2B-Sektor sowie bei hochpreisigen B2C-Produkten ein Instrument, womit Kunden überzeugt werden sollen. Die Kurzform des Pitches ist auch als *Elevator-Pitch* bekannt, bei dem es – bildlich gesprochen – gilt, einen Entscheider, der im Aufzug vom ersten bis zum beispielsweise 10. Stockwerk mitfährt und deswegen nicht ausweichen kann, in genau dieser kurzen Zeitspanne von einer Idee zu überzeugen. Im Kontext des Entrepreneurial Marketing dienen Elevator Pitches dazu, das konzipierte Geschäftsmodell zu evaluieren und erste Erfahrungen im Umgang mit potenziellen Investoren aufzubauen. Meist werden solche Elevator Pitches auch in Wettbewerbsform ausgetragen. Das Ziel der kurzen Darstellung führt dazu, Idee und Konzept zu schärfen und sich über die tragenden Elemente des Geschäftsmodells (▶ Abschn. 4.1) klar zu werden.

Professionelle Investoren evaluieren Pitches nach einer Vielzahl von *Bewertungskriterien* (◘ Abb. 6.2). Diese unterteilen sich in eher objektive und eher subjektive Kriterien. Zwar ist nicht zwangsläufig davon auszugehen, dass diese Kriterien ein Investment in ein junges Unternehmen erfolgreich machen [6]. Dennoch entscheiden viele Investoren hiernach und so ist es für den Unternehmer essentiell, diese Kriterien zu kennen, um sich im Umgang mit Investoren professionell geben zu können.

Während die objektiven Kriterien eher das Unternehmen selbst, sein Geschäftsmodell und die potenziellen Renditemöglichkeiten beschreiben und damit hauptsächlich die finanzielle Perspektive betrachten, sind gerade die subjektiven Kriterien diejenigen, die durch das Entrepreneurial Marketing positiv gestaltet werden können. Empirisch wurde in diesem Zusammenhang gezeigt, dass vor allem diejenigen Investoren-Pitches *erfolgreich* sind und als überzeugend wahrgenommen werden, die fünf *Bedingungen* erfüllen [3].

1. Ein Investoren-Pitch ist erfolgreich, wenn er klar und *verständlich* ist. Wichtige Elemente des Geschäftsmodells sollten präzise und auf ein leicht verständliches Niveau heruntergebrochen werden. Um die Verständlichkeit bei potenziellen Investoren zu erhöhen, bedarf es darüber hinaus einer klaren, flüssigen und angemessen lauten Aussprache.

2. Ein Investoren-Pitch ist erfolgreich, wenn die Präsentation *strukturiert* ist. Eine angemessene Struktur umfasst beispielsweise folgende Punkte:
   - Einführung & Kurzüberblick
   - Vorstellung des Managementteams sowie der Produkte bzw. Dienstleistungen
   - Abgrenzung des angestrebten Zielmarktes sowie Kurzanalyse der erwarteten Wettbewerbssituation
   - Darstellung der prognostizierten finanzwirtschaftlichen Entwicklung
   - Herleitung der benötigten finanziellen Mittel sowie deren Verwendung
   - Angebot an die potenziellen Investoren mit abschließender Zusammenfassung der Investitionsargumente

3. Ein Investoren-Pitch ist erfolgreich, wenn die bereitgestellten Informationen angemessen *detailliert* präsentiert werden. D. h., es sollte trotz der Notwendigkeit zur Informationsverdichtung auf einen relativ hohen Detaillierungsgrad geachtet werden, wobei zusätzliche Informationen eine entscheidende Rolle spielen. Besonders wichtig sind „Wie"- und „Warum"-Details, sowie Begründungen für angebrachte Statements. Die Dauer des Pitches sollte die Aufmerksamkeitsspanne der Investoren (ca. 15–20 Minuten) nicht übersteigen.

4. Ein Investoren-Pitch ist erfolgreich, wenn er eine hohe *Überzeugungskraft* aufweist. Unternehmer müssen den Pitch als Chance begreifen, die eigene Persönlichkeit und das Geschäftsmodell während der Präsentation möglichst positiv darzustellen.

5. Ein Investoren-Pitch ist erfolgreich, wenn die von den Investoren wahrgenommenen *Persönlichkeitsmerkmale* des Unternehmers oder des Teams als positiv empfunden werden. Um positives Feedback der potenziellen Investoren zu erlangen, sollte sich der Vortragende neben Engagement, Kompetenz, Offenheit und Flexibilität auch durch Ehrlichkeit auszeichnen.

Gelingt es, Investoren zu gewinnen, indem diese über Entrepreneurial Marketing für das Unternehmen interessiert werden, so schließt sich nach der eingehenden Prüfung des Unternehmens (Due Diligence) und der Vertragsgestaltung eine Phase der Zusammenarbeit an, in der Investoren und Unternehmer gemeinsam das Geschäftsmodell zum Erfolg führen wollen (◘ Abb. 6.1). In dieser Phase kommt das Entrepreneurial Marketing wieder zum Tragen – diesmal nicht zur Gewinnung von Investoren, sondern zu deren Bindung.

	Ausprägung		Interpretation
Gestaltungsmerkmal	Charakter	Passiv	Im Beteiligungsvertrag vereinbarte Informationen werden zur Verfügung gestellt
		Passiv + Aktiv	Vereinbarte und zusätzliche Informationen werden zur Verfügung gestellt
	Turnus	Sequentiell	Vereinbarte Informationen werden zu festgelegten Zeitpunkten zur Verfügung gestellt
		Sequentiell + Kontinuierlich	Vereinbarte Informationen werden zu festgelegten Zeitpunkten und laufend zur Verfügung gestellt
	Inhaltsbezug	Vergangenheit	Unternehmen informiert über (unlängst) vergangene Entwicklung Fokus: Ergebnisse
		Vergangenheit + Zukunft	Unternehmen informiert über vergangene und zukünftige Entwicklung Fokus: Ergebnisse und Planung
	Verhältnis	Distanziert	Kommunikation geprägt durch distanziertes Geschäftsverhältnis
		Intensiv	Kommunikation geprägt durch intensives Geschäftsverhältnis
		Vertraulich	Kommunikation geprägt durch vertrauliches Geschäftsverhältnis

◘ **Abb. 6.3** Gestaltungsmöglichkeiten der Investor Relations [5]

Die Pflege der Beziehung zu den Investoren wird als *Investor Relations* bezeichnet und stellt sich gerade bei jungen, nicht-börsennotierten Unternehmen komplett anders dar als im Falle etablierter Unternehmen [5]. Dabei wäre es verfehlt, sich nur auf die während der Beteiligungsverhandlung getroffenen Verabredungen zu verlassen und den Investor passiv und wenig proaktiv nur mit Basisinformationen zu versorgen, die vertraglich fixiert worden sind. Denn die Anforderungen an die Investor Relations orientieren sich nur auf den ersten Blick an Aussagen im Beteiligungsvertrag wie beispielsweise:

>> „Die Geschäftsführer übersenden den Investoren jeweils bis zum 10. Werktag des Folgemonats monatliche Berichte mit folgendem Inhalt: Gewinn- und Verlustrechnung sowie betriebswirtschaftliche Auswertungen, Rohbilanz (…), Summen- und Saldenliste der Sachkonten, Offene-Posten-Liste der Debitoren und Kreditoren, Auftragseingang, Auftragsbestand und Cashflow."

Wie die Investor Relations prinzipiell gestaltet werden können, fasst ◘ Abb. 6.3 zusammen.

Diesem Konzept zur Folge können die *Investor Relations* als Teil des Entrepreneurial Marketing in jungen Unternehmen nach vier zentralen *Aspekten* unterschieden werden.

1. Der Charakter der Kommunikation beschreibt, ob die Beziehung zum Investor nur auf Basis vertraglich vereinbarter Informationen gepflegt wird, oder ob darüber hinaus gehenden Informationen bereitgestellt werden.
2. Der Turnus der Kommunikation kann nach festgelegten Zeitpunkten für die Beziehungspflege oder einem kontinuierlichen Austausch unterschieden werden.
3. Der Inhaltsbezug hat eine zeitliche Komponente und beschreibt, ob nur über Ergebnisse (Vergangenheitsorientierung) oder auch über Planung (Zukunftsorientierung) berichtet wird.
4. Das Verhältnis schließlich kann im einen Extremfall professionell distanziert und im anderen Extremfall vertraulich und partnerschaftlich sein.

Wenn nun der Beteiligungsvertrag nicht als Orientierungspunkt zur Gestaltung der Investor Relations ausreicht, stellt sich die Frage, wie genau diese vom Unternehmer gesteuert werden sollte. Empirische Erhebungen [5] unter deutschen Venture Capital-Gebern haben dabei gezeigt, dass *erfolgreich gestaltete Kommunikation* mit Investoren gekennzeichnet ist durch

- die formelle und gleichzeitig informelle Kommunikation mittels vorhandener Ressourcen im Unternehmen,
- die im Beteiligungsvertrag festgelegten Vorgaben des Investors,
- einen engen Kreis an Adressaten (einige wenige Eigenkapitalinvestoren),
- eine individuelle Berichterstattung,
- eine nicht-neutrale Kommunikation mit Schwerpunktsetzung auf gegenwarts- und zukunftsbezogene Berichterstattung sowie
- den Fokus auf strategieorientierte Aussagen zur zukünftigen Entwicklung.

> **Auf den Punkt gebracht:** Das Entrepreneurial Marketing im Hinblick auf die Zielgruppe der Investoren dient vor allem zur Investorengewinnung und zur Investorenbindung. Investorengewinnung wird durch überzeugende Pitches unterstützt, die Investorenbindung resultiert aus nach den Bedürfnissen der Investoren gestalteten Investor Relations.

6.2 Mitarbeiter als Zielgruppe des Entrepreneurial Marketing

Entrepreneurial Marketing dient nicht nur dazu, Produkte und Dienstleistungen zu entwickeln, diese zu produzieren und dann an die Kunden zu verkaufen. Neben den Investoren als zusätzlicher Zielgruppe sind auch die (potenziellen) Mitarbeiter eines jungen Unternehmens Gegenstand des Entrepreneurial Marketing, wenn dessen Aktivitäten darauf gerichtet sind, Mitarbeiter für das junge Unternehmen zu rekrutieren [11] und auf Dauer an das Unternehmen zu binden [12].

Unternehmensgründer befassen sich jedoch oftmals zu wenig mit Themen wie der Gewinnung, der Einstellung, der Führung und der Entwicklung ihrer Mitarbeiter. Der Enthusiasmus über die aufgedeckte unternehmerische Gelegenheit und möglicherweise auch darüber, nun kein weisungsabhängiger Mitarbeiter zu sein (Autonomiestreben), führt dazu, dass derartige Fragestellungen oftmals ausgeblendet werden. Aber gerade wenn Wachstumspotenzial besteht, sind Unternehmensgründer in der Pflicht, sich rechtzeitig Gedanken über *Mitarbeiter* zu machen – denn der Erfolg eines jungen Unternehmens steht und fällt mit seinen Mitarbeitern.

Im idealen Fall werden über das Entrepreneurial Marketing mit der Zielgruppe Mitarbeiter Personen gefunden, die sich zum erweiterten Gründerteam zählen lassen – also Personen, die vielleicht (noch) nicht am Unternehmen beteiligt werden, die aber trotz ihres Angestelltenstatus die gleiche unternehmerische Haltung und Einstellung wie der Unternehmensgründer selbst aufweisen. Dies ist wichtig, da Mitarbeiter in jungen Unternehmen (genauso wie Gründer selbst) die Unsicherheit eines jungen Unternehmens (▶ Abschn. 1.1) psychisch ertragen können müssen. Auch gilt es, möglichst diejenigen einzustellen, die helfen können, das *Kompetenzprofil* des Unternehmensgründers zu komplementieren. So können eher introvertiert veranlagte Unternehmensgründer beispielsweise extrovertierte Charaktere für den Verkauf einstellen. Auch ist angesichts der vielfältigen Aufgaben gerade in frühen Phasen der Unternehmensentwicklung darauf zu schauen, Mitarbeiter zu gewinnen, die ganz verschiedene Fähigkeiten mitbringen und so unterschiedliche Tätigkeiten im Unternehmen übernehmen können. In der Personalgewinnung gilt es also, über das Entrepreneurial Marketing Mitarbeiter anzusprechen, die sich auszeichnen durch [11]

- Stresstoleranz,
- Flexibilität,
- eine zupackende Mentalität,
- breit einsetzbares Fachwissen,
- Begeisterungsfähigkeit,
- Eigenständigkeit in der Aufgabenerfüllung,
- Teamfähigkeit,
- Begeisterung für das Neue,
- Akzeptanz für die spezifische Situation eines jungen Unternehmens sowie
- Unsicherheitstoleranz.

Bewährt hat es sich, das Entrepreneurial Marketing zur *Mitarbeitergewinnung* nicht unbedingt mit dem klassischen Instrumentarium der Personalakquise zu beginnen.

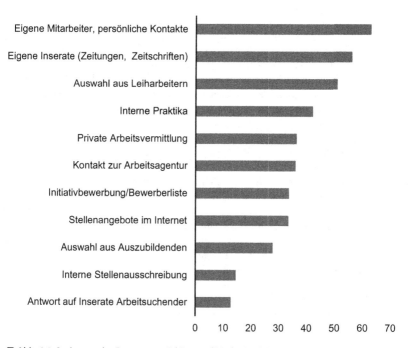

⬛ Abb. 6.4 Suchwege des Entrepreneurial Personal Marketing [2]

⬛ Abbildung 6.4 zeigt, welche Kanäle sich in der Vergangenheit aus Sicht von Unternehmensgründern bewährt haben und besonders häufig eingesetzt werden.

Auffällig ist in diesem Zusammenhang, dass das Entrepreneurial Marketing zur Personalgewinnung zuerst am *Netzwerk* des Gründers ansetzt und erst an zweiter Stelle an klassischen Massenmedien. Dies bleibt auch im Verlauf der Unternehmensentwicklung konstant. Personalmarketing beginnt immer mit dem eigenen Netzwerk: Während die ersten Mitarbeiter vielleicht noch aus dem persönlichen Bekannten- und Kollegenkreis stammen, so werden später aus dem sich entwickelnden geschäftlichen Netzwerk Personen rekrutiert, deren Arbeitsleistung bekannt ist.

Das Entrepreneurial Marketing bedient sich anfangs vor allem persönlicher und privater Netzwerke aufgrund fehlender Ressourcen und mangelnder Legitimität der Organisation und fokussiert dabei auf geteilte Werte und gemeinsame Hintergründe. Mit dem Wachstum des Unternehmens professionalisiert sich das Netzwerk – es bleibt aber immer ein entscheidender Faktor, nicht nur um Umsatz zu generieren, sondern eben auch, um Mitarbeiter für das Unternehmen zu identifizieren.

Besonders die sozialen Medien liefern neue Möglichkeiten für das Personalmarketing in jungen Unternehmen. Damit dies gelingt sollte [16]

- der Auftritt in sozialen Medien dazu genutzt werden, potenziellen Kandidaten alle wichtigen Informationen über das junge Unternehmen zu geben,
- in Ausschreibungen Bezug genommen werden auf die möglicherweise namhaften Investoren des Unternehmens, um mehr Glaubwürdigkeit zu generieren,
- der Auftritt in sozialen Medien regelmäßig aktualisiert werden,
- jede Stellenausschreibung über soziale Netzwerke der Mitarbeiter und des Unternehmens lanciert werden,
- die Empfehlung von Kandidaten aus den Netzwerken der Mitarbeiter belohnt werden sowie
- jedes professionelle soziale Netzwerk im Internet dazu genutzt werden, interessante Kandidaten direkt zu kontaktieren.

Selbstredend sehen sich gerade junge Unternehmen bei der Gewinnung von Mitarbeitern einem systematischen Nachteil ihren etablierten Wettbewerbern gegenüber ausgesetzt. Bewährt hat sich dann das Hervorheben *sozialer Faktoren* in der Kommunikation [7], d. h. das Entrepreneurial Marketing muss die Vorteile flacher Hierarchien und kurzer Entscheidungswege und vor allem die Entwicklungsmöglichkeiten der Mitarbeiter unterstreichen. Das Beispiel von Stylight zeigt, welche vielfältigen Optionen bestehen, Personalmarketing in einem schnell wachsenden jungen Unternehmen zu betreiben.

Beispiel: Personalmarketing bei Stylight
Schnell wachsende Startups merken sofort, dass es nicht nur wichtig ist, das eigene Produkt zu bewerben, sondern ebenso das gesamte Unternehmen, um sich als attraktiver Arbeitgeber zu positionieren. Stylight ist ein Beispiel für ein Startup mit erfolgreichem Personalmarketing. Das von vier Freunden 2008 gegründete Unternehmen ist innerhalb von fünf Jahren auf eine Größe von mehr als 100 Mitarbeitern gewachsen und bereits in 14 Ländern vertreten. Stylight verknüpft das Angebot verschiedener Mode-Online-Shops und bietet den Kunden somit die Möglichkeit, auf nur einer Webseite die neuesten Modetrends zu entdecken. Täglich werden neue Trends und Kombinationen ausgewählt und auf der Webseite vorgestellt.
Dabei war es gerade am Anfang schwierig, die richtigen Mitarbeiter zu finden. Insbesondere aufgrund der anfänglichen Unbekanntheit der Marke und den begrenzten finanziellen Ressourcen musste Stylight alternative Wege zu den klassischen Ansätzen im Personalmarketing finden. Der erste Mitarbeiter kam vom CDTM (Center for Digital Technology and Management, einer gemeinsamen Institution der TU und LMU München, wo auch alle vier Gründer studiert haben) und ist heute Head of Product. Auch das weitere Mitarbeiterwachstum hat Stylight hauptsächlich über das Netzwerk der vier Gründer realisiert, insbesondere waren dabei die Kommilitonen und Professoren aus dem Studium hilfreich.

Aber auch traditionelle Formen des Personalmarketings wie Recruiting-Messen haben sie ausprobiert – dabei war die Erfolgsquote allerdings gering. Deshalb verlässt sich Stylight lieber auf das Direct Sourcing aus dem eigenen Netzwerk. Dadurch, dass die Gründer die Bewerber meist schon kannten, war es leichter, sie für das eigene Unternehmen zu begeistern. Was für viele Bewerber ebenfalls ein Argument ist, um bei Stylight zu arbeiten, ist die Idee und Vision des Unternehmens sowie das Team selbst. Genau das ist aber die Herausforderung, den Spirit aufrechtzuerhalten, auch wenn innerhalb kürzester Zeit viele neue Mitarbeiter hinzukommen. Um dies zu erreichen, gibt es regelmäßige Events wie zum Beispiel Skiausflüge oder Stylight Parties, auf die jeder Mitarbeiter Freunde einladen kann. Gleichzeitig wird so das Netzwerk der potentiellen Bewerber größer. Dabei scheint Stylight vieles richtig gemacht zu haben, denn auch wenn das Unternehmen inzwischen größer geworden ist, so sind es noch immer ähnliche Argumente, mit denen das Unternehmen Bewerber für sich gewinnt: die Unternehmenskultur – angefangen bei flachen Hierarchien über eine kreative, fördernde und fordernde Atmosphäre, bis hin zu gemeinsamen Team-Events. Alles, was Stylight intern lebt, wird auch extern im Anwerbungsprozess so kommuniziert. Auf der Website sowie auf Xing, Linkedin, Kununu etc. bekommt der Bewerber zudem schon einen ersten Eindruck von der Alltagskultur und von Stylight als Arbeitgeber.

> ▶ Auf den Punkt gebracht: Das Entrepreneurial Marketing zur Gewinnung von Mitarbeitern zielt darauf ab, Personen mit einer zur unsicheren Situation des jungen Unternehmens passenden Einstellung zu identifizieren und anzusprechen. Ansprache gelingt über soziale und professionelle Netzwerke – die Gewinnung gelingt über das Hervorheben sozialer Faktoren.

6.3 Die Öffentlichkeit als Zielgruppe des Entrepreneurial Marketing

Gerade bei innovativen und damit erklärungsbedürftigen Geschäftsmodellen gilt es, nicht nur Kunden, Investoren und Mitarbeiter mitzunehmen, sondern auch in der allgemeinen und speziellen Öffentlichkeit einen passenden Eindruck zu hinterlassen. **Public Relations** (Öffentlichkeitarbeit) ist dabei nicht mit kostenloser Werbung für das junge Unternehmen zu verwechseln, sondern zielt in diesem Zusammenhang auf das Schaffen von Vertrauen, das Gewinnen von Verständnis und das Herstellen von Transparenz ab [14].

Merke! ─────────────────────────────

Public Relations als Teil des Entrepreneurial Marketing ist der systematische Beziehungsaufbau und die systematische Beziehungspflege eines jungen Unternehmens mit der Öffentlichkeit und zielt darauf ab, Vertrauen in der Öffentlichkeit zu schaffen.

Um mit der Öffentlichkeit in Dialog zu treten, ist es für ein junges Unternehmen oftmals nötig, ähnlich kreativ wie im Guerilla Marketing (▶ Abschn. 5.1) zu agieren. Gleichzeitig besteht die Gefahr, verstärkte öffentliche Wahrnehmung als Unternehmenserfolg einzuschätzen und darüber den wirtschaftlichen Erfolg des Unternehmens aus den Augen zu verlieren. Dennoch kann Öffentlichkeit außerordentlich wichtig für ein junges Unternehmen sein. So profitierte DocMorris [9], der erste Onlineversender von Medikamenten in Deutschland, Ende der 1990er Jahre nicht nur von einem überzeugenden Angebot, sondern auch vom Widerstand der alteingesessenen Apotheken, die dadurch mehr Öffentlichkeit für das junge Unternehmen herstellten, als es aus eigener Kraft hätte erzielen können.

Die Theorie der Public Relations kennt vier grundlegende *Modelle* [14] der Ausgestaltung von Public Relations:

- Das Publicity-Modell setzt lediglich auf Einwegkommunikation und propagiert kurze Mitteilungen an die Öffentlichkeit.
- Das Modell der Informationstätigkeit setzt ebenfalls auf Einwegkommunikation durch Mitteilungen und Verlautbarungen, gestaltet diese jedoch umfassender.
- Das Modell der Überzeugungsarbeit fußt auf einer asymmetrischen Zweiwegkommunikation, d. h. es berücksichtigt zumindest in Ansätzen Feedback der Öffentlichkeit, um die eigenen Argumente anzupassen.
- Das Dialog-Modell schließlich strebt eine symmetrische Zweiwegkommunikation an, indem es gleichberechtigten Austausch zulässt.

Gerade die letzten beiden Modelle sind sehr aufwendig und so wäre es naiv, die Public Relations eines jungen Unternehmens beispielsweise an eine Agentur auszugliedern. Diese kann den Dialog niemals mit derselben Überzeugungskraft führen, wie der Gründer oder das Gründerteam selbst [4]. Dass jedoch das Dialog-Model, trotz des damit einhergehenden notwendigen Engagements, das Model der Wahl ist, machen beispielsweise die zahlreichen Blogs von Unternehmensgründern deutlich, die kontinuierlich über ihre Unternehmensentwicklung berichten, sich dort mit den unterschiedlichsten Teilen der Öffentlichkeit austauschen und so schon vor dem Launch (▶ Abschn. 3.3) umfangreiche Wahrnehmung generieren. Viele Unternehmer vergeben diese Gelegenheit, fokussieren sich eher auf das Publicity-Modell [13] und bleiben so weit hinter dem Möglichen zurück.

Insgesamt lässt sich die Öffentlichkeit über eine Vielzahl von Kanälen ansprechen. Zu den *Instrumenten* der Public Relations [14], die insbesondere aus der Perspektive eines Unternehmers nützlich sind, zählen

- Pressemitteilungen (beispielsweise über das Erreichen wesentlicher Meilensteine beim Unternehmensaufbau),
- Beiträge der Unternehmensgründer in Fachmedien,
- Speaker Placements, d. h. Auftritte des Unternehmensgründers auf Branchenveranstaltungen,

- Anwenderberichte,
- Redaktionsbesuche bei Fach- und Branchenmedien,
- Eigenveröffentlichungen des Unternehmens, bspw. auf seiner Homepage sowie
- eine Unternehmenshomepage mit essentiellen Informationen zum Unternehmenshintergrund, einem Fact Sheet mit wesentlichen Kernpunkten, Lebensläufe der wichtigsten Personen, Produkt- oder Dienstleistungsinformation sowie umfangreichem, druckfähigen Bildmaterial.

Wie junge Unternehmen Public Relations zielführend einsetzen können, zeigt das Beispiel von *Tado°*.

Beispiel: Die Macht der Öffentlichkeitsarbeit am Beispiel des Startups Tado°

Ein Beispiel für die erfolgreiche Anwendung von Public Relations ist das Startup Tado°. Mit einer Heizungs-App, welche die Steuerung der Heizung eines Haushalts vollautomatisch und intelligent unter Berücksichtigung von Wetterdaten und den Gewohnheiten des Nutzers reguliert, bietet Tado° ein Produkt an, mit dem jeder Benutzer zu Hause nachhaltig Heizkosten einsparen kann. Neben der Ansprache potentieller Kunden, sieht Tado° es auch als Ziel der Öffentlichkeitsarbeit, Bewusstsein für das Energiesparen im eigenen Haushalt zu schaffen und zu zeigen, dass dies schon durch kleine Investitionen möglich ist.

Die Berichte in den Medien beruhten anfangs insbesondere auf Bemühungen von Tado°. Die direkte Ansprache von Journalisten erfolgte z. B. mithilfe von Pressemitteilungen. Dabei war sicherlich das aktuelle Interesse an Energieeffizienz und Nachhaltigkeit hilfreich, um das Thema der intelligenten Heizungs-App platzieren zu können. Tado° gibt regelmäßig Pressemitteilungen zur Teilnahme an Messen, Markteintritten, Investitionsmeldungen oder Produktneuheiten als Stimulation von weiteren Artikeln heraus.

Auch durch eine erfolgreiche Teilnahme an Wettbewerben hat Tado° Aufmerksamkeit auf sich ziehen können. So konnten sie z. B. den CEBIT Innovator's Pitch 2013 gewinnen, worüber auch die Deutsche Presseagentur berichtete. Weiterführende Informationen über das Unternehmen oder das Produkt zu finden, macht Tado° den Journalisten leicht, indem sie auf der Homepage neben den Pressemitteilungen auch Kundenstimmen, Logos, Fotos und Videos in einem gekennzeichneten Pressebereich zum Download zur Verfügung stellen. Durch eine explizite Ansprechpartnerin, die mit Foto und Kontaktdetails auf der Homepage zu finden ist, kann die Kommunikation mit der Presse effizient gesteuert werden.

Weil sich nicht nur potentielle Kunden, sondern ebenso Journalisten von Zahlen, Daten, Fakten begeistern lassen, erzielt Tado° auch durch selbst-initiierte Studien sehr positive Medienresonanz. So werden zum Beispiel in Kooperation mit Forschungseinrichtungen und Institutionen, wie dem Fraunhofer Institut, Forschungsprojekte durchgeführt. In einem dieser Projekte werden z. B. die Kosteneinsparungen von ca. 100 Test-Nutzern von Tado° gemessen. Somit positioniert sich Tado° als Experte im Bereich von Energieeffizienz.

Interessanterweise hat Tado° auch von der Berichterstattung um den Kauf von Nest durch Google 2014 für 3,2 Milliarden US Dollar profitieren können und das obwohl zumindest in Großbritannien Nest als Wettbewerber auftritt. Durch diesen Deal wurde das mediale Interesse für Energiesparoptionen gestärkt und Möglichkeiten zum Vergleich zwischen den beiden Optionen geboten, was wiederum auch Tado° Aufmerksamkeit gebracht hat. Von der medialen Aufmerksamkeit kann Tado° insofern profitieren, als dass mehr Menschen sich mit Energiesparen und mögliche Optionen beschäftigen, dies im eigenen Haushalt umzusetzen. Öffentlichkeitsarbeit kann also die Gewinnung von neuen Kunden, aber auch Mitarbeitern oder Investoren bewirken.

> **Auf den Punkt gebracht:** Public Relations als Teil des Entrepreneurial Marketing zielt auf den Vertrauensaufbau in der Öffentlichkeit. Dies gelingt am besten über eine dialogische Ausrichtung der Public Relations.

6.4 Lern-Kontrolle

Kurz und bündig

Abgesehen von den Kunden kann das Entrepreneurial Marketing einen bedeutenden Beitrag zum Umgang mit weiteren Zielgruppen leisten. Zu diesen Zielgruppen gehören Investoren, (potenzielle) Mitarbeiter und auch die allgemeine Öffentlichkeit. Im Hinblick auf Investoren gilt es, diese nicht nur für das Unternehmen zu gewinnen, sondern auch längerfristig an das Unternehmen zu binden. Bezüglich der Mitarbeiter müssen Personen angesprochen und gewonnen werden, die vor allem eine hohe Affinität zur besonderen Situation eines jungen Unternehmens haben. Gleichzeitig ist der Dialog mit der Öffentlichkeit nicht zu vernachlässigen, da nur über diesen Vertrauen in das junge Unternehmen aufgebaut werden kann.

❷ Let's check

1. Wie gestaltet sich der Prozess der Aufnahme von Investoren? Welche Rolle kommt dem Entrepreneurial Marketing in diesem Prozess zu?
2. Nach welchen Kriterien werden Pitches üblicherweise bewertet?
3. Wie sind die Investor Relations zu gestalten?
4. Welchen Mitarbeitertyp sollte das Entrepreneurial Marketing in der Personalgewinnung bevorzugt ansprechen?
5. Welche Public-Relations-Instrumente sind für junge Unternehmen besonders geeignet?

❷ Vernetzende Aufgaben

1. Lesen Sie das Fallbeispiel von Tado° in ▶ Abschn. 6.3 und konzipieren Sie einen Investoren-Pitch für dieses Unternehmen.
2. Sammeln Sie Argumente, warum es sinnvoll sein kann, in einem Startup Ihrer Wahl zu arbeiten.

❶ Lesen und Vertiefen

- Kollmann, T. & Kuckertz, A. (2006). Investor relations for start-ups: an analysis of venture capital investors' communicative needs. *International Journal of Technology Management, 34*(1/2), 47–62.
- Kollmann, T., Kuckertz, A. & Lomberg, C. (2007). Wechselseitiges Feedback – Personalentwicklung und Anreizsetzung. *Personal, 59*(6), 40–42.
- Moss, D., Ashford, R. & Shani, N. (2004). The forgotten sector: Uncovering the role of public relations in SMEs. *Journal of Communication Management, 8*(2), 197–210.

Literatur

1 Berger, E., Kuckertz, A., & van der Ende, M. (2015). Crowdfunding: Mehr als nur Kapitalbeschaffung – wie Start-ups von der Vernetzung der Investoren profitieren können. In F. Keuper, & M. Schomann (Hrsg.), *Entrepreneurship heute – unternehmerisches Denken angesichts der Herausforderungen einer vernetzten Wirtschaft* (S. 62–81). Berlin: Logos.

2 Bundesministerium für Wirtschaft und Technologie (2012). *Personal. GründerZeiten. Informationen zu Existenzgründung und -sicherung.* Berlin: BMWi.

3 Clark, C. (2008). The impact of entrepreneurs' oral 'pitch' presentation skills on business angels' initial screening investment decisions. *Venture Capital An International Journal of Entrepreneurial Finance, 10*(3), 257–279.

4 Greathouse, J. (2013). Rookie Marketing Mistakes to Avoid. *The Wall Street Journal,* (31. Juli 2013)

5 Kollmann, T., & Kuckertz, A. (2006). Investor relations for start-ups: an analysis of venture capital investors' communicative needs. *International Journal of Technology Management, 34*(1/2), 47–62.

6 Kollmann, T., & Kuckertz, A. (2009). Zur Dynamik von Such-, Erfahrungs- und Vertrauenseigenschaften in komplexen Transaktionsprozessen – eine empirische Studie am Beispiel des Venture-Capital-Investitionsprozesses. *Zeitschrift für Management, 4*(1), 53–74.

7 Kollmann, T., Kuckertz, A., & Lomberg, C. (2007). Wechselseitiges Feedback – Personalentwicklung und Anreizsetzung. *Personal, 59*(6), 40–42.

8 Kuckertz, A. (2006). *Der Beteiligungsprozess bei Wagniskapitalfinanzierungen. Eine informationsökonomische Analyse.* Wiesbaden: Deutscher Universitätsverlag.

9 Kuckertz, A., & Schröder, K. (2010). Legitimizing Innovative Ventures Strategically – The Case of Europe's First Online Pharmacy. In T. Kollmann, A. Kuckertz, & C. Stöckmann (Hrsg.), *E-Entrepreneurship and ICT Ventures: Strategy, Organization and Technology* (S. 89–103). Hershey, PA: IGI Global.

10 Kollmann, T., & Kuckertz, A. (2010). Evaluation uncertainty of venture capitalists' investment criteria. *Journal of Business Research, 63*(7), 741–747.

11 Middelberg, N. (2014). Recruiting in Start-ups. *StartingUP, 2,* 54–56.

12 Middelberg, N. (2014). Mitarbeiter binden in Start-ups. *StartingUP, 3,* 16–18.

13 Moss, D., Ashford, R., & Shani, N. (2004). The forgotten sector: Uncovering the role of public relations in SMEs. *Journal of Communication Management, 8*(2), 197–210.

14   Reisewitz, P. (2004). Public Relations (PR). In Gabler Verlag (Hrsg.), *Gabler Wirtschaftslexikon* (S. 2455–2459). Wiesbaden: Gabler.
15   Schulte, R. (2012). Entrepreneurial Marketing and Capital Acquisition. *International Journal of Entrepreneurship and Small Business*, *4*(16), 471–484.
16   Softgarden (2011). *Recruiting in Startups*. Berlin: Softgarden e-recruiting.

Serviceteil

Der Abschnitt „Tipps fürs Studium und fürs Lernen" wurde von Andrea Hüttmann verfasst.

A. Kuckertz, *Management: Entrepreneurial Marketing,* Studienwissen kompakt,
DOI 10.1007/978-3-658-08980-1, © Springer Fachmedien Wiesbaden 2015

Tipps fürs Studium und fürs Lernen

- **Studieren Sie!**

Studieren erfordert ein anderes Lernen, als Sie es aus der Schule kennen. Studieren bedeutet, in Materie abzutauchen, sich intensiv mit Sachverhalten auseinanderzusetzen, Dinge in der Tiefe zu durchdringen. Studieren bedeutet auch, Eigeninitiative zu übernehmen, selbstständig zu arbeiten, sich autonom Ziele zu setzen, anstatt auf konkrete Arbeitsaufträge zu warten. Ein Studium erfolgreich abzuschließen erfordert die Fähigkeit, der Lebensphase und der Institution angemessene effektive Verhaltensweisen zu entwickeln – hierzu gehören u. a. funktionierende Lern- und Prüfungsstrategien, ein gelungenes Zeitmanagement, eine gesunde Portion Mut und viel pro-aktiver Gestaltungswille. Im Folgenden finden Sie einige erfolgserprobte Tipps, die Ihnen beim Studieren Orientierung geben, einen grafischen Überblick dazu zeigt ◘ Abb. A.1.

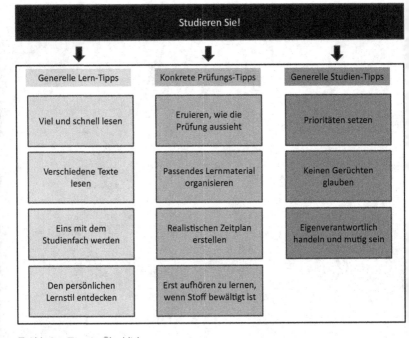

◘ **Abb. A.1** Tipps im Überblick

Lesen Sie viel und schnell

Studieren bedeutet, wie oben beschrieben, in Materie abzutauchen. Dies gelingt uns am besten, indem wir zunächst einfach nur viel lesen. Von der Lernmethode – lesen, unterstreichen, heraus schreiben – wie wir sie meist in der Schule praktizieren, müssen wir uns im Studium verabschieden. Sie dauert zu lange und raubt uns kostbare Zeit, die wir besser in Lesen investieren sollten. Selbstverständlich macht es Sinn, sich hier und da Dinge zu notieren oder mit anderen zu diskutieren. Das systematische Verfassen von eigenen Text-Abschriften aber ist im Studium – zumindest flächendeckend – keine empfehlenswerte Methode mehr. Mehr und schneller lesen schon eher …

Werden Sie eins mit Ihrem Studienfach

Jenseits allen Pragmatismus sollten wir uns als Studierende eines Faches – in der Summe – zutiefst für dieses interessieren. Ein brennendes Interesse muss nicht unbedingt von Anfang an bestehen, sollte aber im Laufe eines Studiums entfacht werden. Bitte warten Sie aber nicht in Passivhaltung darauf, begeistert zu werden, sondern sorgen Sie selbst dafür, dass Ihr Studienfach Sie etwas angeht. In der Regel entsteht Begeisterung, wenn wir die zu studierenden Inhalte mit lebensnahen Themen kombinieren: Wenn wir etwa Zeitungen und Fachzeitschriften lesen, verstehen wir, welche Rolle die von uns studierten Inhalte im aktuellen Zeitgeschehen spielen und welchen Trends sie unterliegen; wenn wir Praktika machen, erfahren wir, dass wir mit unserem Know-how – oft auch schon nach wenigen Semestern – Wertvolles beitragen können. Nicht zuletzt: Dinge machen in der Regel Freude, wenn wir sie beherrschen. Vor dem Beherrschen kommt das Engagement: Engagieren Sie sich also und werden Sie eins mit Ihrem Studienfach!

Entdecken Sie Ihren persönlichen Lernstil

Jenseits einiger allgemein gültiger Lern-Empfehlungen muss jeder Studierende für sich selbst herausfinden, wann, wo und wie er am effektivsten lernen kann. Es gibt die Lerchen, die sich morgens am besten konzentrieren können, und die Eulen, die ihre Lernphasen in den Abend und die Nacht verlagern. Es gibt die visuellen Lerntypen, die am liebsten Dinge aufschreiben und sich anschauen; es gibt auditive Lerntypen, die etwa Hörbücher oder eigene Sprachaufzeichnungen verwenden. Manche bevorzugen Karteikarten verschiedener Größen, andere fertigen sich auf Flipchart-Bögen Übersichtsdarstellungen an, einige können während des

Spazierengehens am besten auswendig lernen, andere tun dies in einer Hänge-matte. Es ist egal, wo und wie Sie lernen. Wichtig ist, dass Sie einen für sich effekti-ven Lernstil ausfindig machen und diesem – unabhängig von Kommentaren Dritter – treu bleiben.

Bringen Sie in Erfahrung, wie die bevorstehende Prüfung aussieht

Die Art und Weise einer Prüfungsvorbereitung hängt in hohem Maße von der Art und Weise der bevorstehenden Prüfung ab. Es ist daher unerlässlich, sich immer wieder bezüglich des Prüfungstyps zu informieren. Wird auswendig Gelerntes abgefragt? Ist Wissenstransfer gefragt? Muss man selbstständig Sachverhalte darstellen? Ist der Blick über den Tellerrand gefragt? Fragen Sie Ihre Dozenten. Sie müssen Ihnen zwar keine Antwort geben, doch die meisten Dozenten freuen sich über schlau formu-lierte Fragen, die das Interesse der Studierenden bescheinigen und werden Ihnen in irgendeiner Form Hinweise geben. Fragen Sie Studierende höherer Semester. Es gibt immer eine Möglichkeit, Dinge in Erfahrung zu bringen. Ob Sie es anstellen und wie, hängt von dem Ausmaß Ihres Mutes und Ihrer Pro-Aktivität ab.

Decken Sie sich mit passendem Lernmaterial ein

Wenn Sie wissen, welcher Art die bevorstehende Prüfung ist, haben Sie bereits viel gewonnen. Jetzt brauchen Sie noch Lernmaterialien, mit denen Sie arbeiten können. Bitte verwenden Sie niemals die Aufzeichnungen Anderer – sie sind inhaltlich unzu-verlässig und nicht aus Ihrem Kopf heraus entstanden. Wählen Sie Materialien, auf die Sie sich verlassen können und zu denen Sie einen Zugang finden. In der Regel empfiehlt sich eine Mischung – für eine normale Semesterabschlussklausur wären das z. B. Ihre Vorlesungs-Mitschriften, ein bis zwei einschlägige Bücher zum Thema (idealerweise eines von dem Dozenten, der die Klausur stellt), ein Nachschlagewerk (heute häufig online einzusehen), eventuell prüfungsvorbereitende Bücher, etwa aus der Lehrbuchsammlung Ihrer Universitätsbibliothek.

Erstellen Sie einen realistischen Zeitplan

Ein realistischer Zeitplan ist ein fester Bestandteil einer soliden Prüfungsvorbereitung. Gehen Sie das Thema pragmatisch an und beantworten Sie folgende Fragen: Wie viele

Wochen bleiben mir bis zur Klausur? An wie vielen Tagen pro Woche habe ich (realistisch) wie viel Zeit zur Vorbereitung dieser Klausur? (An dem Punkt erschreckt und ernüchtert man zugleich, da stets nicht annähernd so viel Zeit zur Verfügung steht, wie man zu brauchen meint.) Wenn Sie wissen, wie viele Stunden Ihnen zur Vorbereitung zur Verfügung stehen, legen Sie fest, in welchem Zeitfenster Sie welchen Stoff bearbeiten. Nun tragen Sie Ihre Vorhaben in Ihren Zeitplan ein und schauen, wie Sie damit klar kommen. Wenn sich ein Zeitplan als nicht machbar herausstellt, verändern Sie ihn. Aber arbeiten Sie niemals ohne Zeitplan!

Beenden Sie Ihre Lernphase erst, wenn der Stoff bewältigt ist

Eine Lernphase ist erst beendet, wenn der Stoff, den Sie in dieser Einheit bewältigen wollten, auch bewältigt ist. Die meisten Studierenden sind hier zu milde im Umgang mit sich selbst und orientieren sich exklusiv an der Zeit. Das Zeitfenster, das Sie für eine bestimmte Menge an Stoff reserviert haben, ist aber nur ein Parameter Ihres Plans. Der andere Parameter ist der Stoff. Und eine Lerneinheit ist erst beendet, wenn Sie das, was Sie erreichen wollten, erreicht haben. Seien Sie hier sehr diszipliniert und streng mit sich selbst. Wenn Sie wissen, dass Sie nicht aufstehen dürfen, wenn die Zeit abgelaufen ist, sondern erst wenn das inhaltliche Pensum erledigt ist, werden Sie konzentrierter und schneller arbeiten.

Setzen Sie Prioritäten

Sie müssen im Studium Prioritäten setzen, denn Sie können nicht für alle Fächer denselben immensen Zeitaufwand betreiben. Professoren und Dozenten haben die Angewohnheit, die von ihnen unterrichteten Fächer als die bedeutsamsten überhaupt anzusehen. Entsprechend wird jeder Lehrende mit einer unerfüllbaren Erwartungshaltung bezüglich Ihrer Begleitstudien an Sie herantreten. Bleiben Sie hier ganz nüchtern und stellen Sie sich folgende Fragen: Welche Klausuren muss ich in diesem Semester bestehen? In welchen sind mir gute Noten wirklich wichtig? Welche Fächer interessieren mich am meisten bzw. sind am bedeutsamsten für die Gesamtzusammenhänge meines Studiums? Nicht zuletzt: Wo bekomme ich die meisten Credits? Je nachdem, wie Sie diese Fragen beantworten, wird Ihr Engagement in der Prüfungsvorbereitung ausfallen. Entscheidungen dieser Art sind im Studium keine böswilligen Demonstrationen von Desinteresse, sondern schlicht und einfach überlebensnotwendig.

Glauben Sie keinen Gerüchten

Es werden an kaum einem Ort so viele Gerüchte gehandelt wie an Hochschulen – Studierende lieben es, Durchfallquoten, von denen Sie gehört haben, jeweils um 10–15 % zu erhöhen, Geschichten aus mündlichen Prüfungen in Gruselgeschichten zu verwandeln und Informationen des Prüfungsamtes zu verdrehen. Glauben Sie nichts von diesen Dingen und holen Sie sich alle wichtigen Informationen dort, wo man Ihnen qualifiziert und zuverlässig Antworten erteilt. 95 % der Geschichten, die man sich an Hochschulen erzählt, sind schlichtweg erfunden und das Ergebnis von 'Stiller Post'.

Handeln Sie eigenverantwortlich und seien Sie mutig

Eigenverantwortung und Mut sind Grundhaltungen, die sich im Studium mehr als auszahlen. Als Studierende verfügen Sie über viel mehr Freiheit als als Schüler: Sie müssen nicht immer anwesend sein, niemand ist von Ihnen persönlich enttäuscht, wenn Sie eine Prüfung nicht bestehen, keiner hält Ihnen eine Moralpredigt, wenn Sie Ihre Hausaufgaben nicht gemacht haben, es ist niemandes Job, sich darum zu kümmern, dass Sie klar kommen. Ob Sie also erfolgreich studieren oder nicht, ist für niemanden von Belang außer für Sie selbst. Folglich wird nur der eine Hochschule erfolgreich verlassen, dem es gelingt, in voller Überzeugung eigenverantwortlich zu handeln. Die Fähigkeit zur Selbstführung ist daher der Soft Skill, von dem Hochschulabsolventen in ihrem späteren Leben am meisten profitieren. Zugleich sind Hochschulen Institutionen, die vielen Studierenden ein Übermaß an Respekt einflößen: Professoren werden nicht unbedingt als vertrauliche Ansprechpartner gesehen, die Masse an Stoff scheint nicht zu bewältigen, die Institution mit ihren vielen Ämtern, Gremien und Prüfungsordnungen nicht zu durchschauen. Wer sich aber einschüchtern lässt, zieht den Kürzeren. Es gilt, Mut zu entwickeln, sich seinen eigenen Weg zu bahnen, mit gesundem Selbstvertrauen voranzuschreiten und auch in Prüfungen eine pro-aktive Haltung an den Tag zu legen. Unmengen an Menschen vor Ihnen haben diesen Weg erfolgreich beschritten. Auch Sie werden das schaffen!

Andrea Hüttmann ist Professorin an der accadis Hochschule Bad Homburg, Leiterin des Fachbereichs „Communication Skills" und Expertin für die Soft Skill-Ausbildung der Studierenden. Als Coach ist sie auch auf dem freien Markt tätig und begleitet Unternehmen, Privatpersonen und Studierende bei Veränderungsvorhaben und Entwicklungswünschen (▶ www.andrea-huettmann.de).

Überblick über die Fallstudien und deren Verfasser

Kapitel	Fallstudie	Verfasser
	▣ Überblick über die Fallstudien und deren Verfasser	
1	Positionierung, Differenzierung und Branding am Beispiel Zalando	Christoph Mandl
	Marketing Transformation – Vom Marketing zum Entrepreneurial Marketing am Beispiel der Deutschen Telekom AG	Martin P. Allmendinger
2	Der Erfolg von Simpleshow – Unstrukturierter Zufall statt strukturierte Marktforschung	Martin P. Allmendinger
3	Synergien nutzen und Kannibalisierungs-Effekte minimieren – Vertriebskanal-Erweiterung am Beispiel des Fernbusunternehmens FlixBus	Christoph Mandl
	Neuen Ideen systematisch begegnen – Service Innovationen bei der XING AG	Martin P. Allmendinger
4	Abo-Commerce bei MyCouchbox – Wie Innovationen mittels Geschäftsmodell statt mit Produkten realisiert werden können	Martin P. Allmendinger
	Value Pricing am Beispiel Wummelkiste	Christoph Mandl
5	Provokant und brandaktuell: Guerilla Marketing bei Sixt	Elisabeth S. C. Berger
	Wie sich Marketing Maßnahmen im Internet wie ein gefährlicher Virus ausbreiten können	Elisabeth S. C. Berger
	Die Bedeutung des Marketing Controlling am Beispiel Hanse Ventures	Christoph Mandl
6	Personalmarketing bei Stylight	Elisabeth S. C. Berger
	Die Macht der Öffentlichkeitsarbeit am Beispiel des Startups Tado°	Elisabeth S. C. Berger

Glossar

Die **Business Model Canvas** besteht aus neun Komponenten, welche zusammenbetrachtet zeigen, wie und für wen ein Geschäftsmodell Wert schafft.

Controlling von Entrepreneurial Marketing zielt nicht allein auf die Steuerung finanziellen Erfolgs, sondern ebenfalls auf die Sicherstellung von Kundenakzeptanz und Wertschöpfung.

Crowdfunding bezeichnet die Finanzierung eines jungen Unternehmens oder dessen Produktentwicklung durch eine Masse von verteilten Investoren, die eher kleinere Summen investieren und sich in der Regel durch ein großes Interesse bis hin zur starken emotionalen Bindung an das Unternehmen auszeichnen und daher auch für das Entrepreneurial Marketing mobilisiert werden können.

Entrepreneurial Marketing ist außerordentlich kreatives Marketing im Angesicht deutlicher Unsicherheit über neue und unbekannte Märkte und Kunden.

Ein **Geschäftsmodell** beschreibt das Zusammenwirken wesentlicher Komponenten eines Unternehmens zur Generierung von Wert.

Eine **Geschäftsmodellinnovation** ist gekennzeichnet durch die aus Sicht des innovierenden Unternehmens neuartige Gestaltung einzelner Komponenten des Geschäftsmodells und/oder ihr neuartiges Zusammenwirken bei der Generierung von Wert.

Guerilla Marketing ist die Basis vieler innovativer Ansätze des Entrepreneurial Marketing und strebt danach, mit möglichst geringem Mitteleinsatz extrem hohe Wirkung zu erzeugen, was über besonders einfallsreiche und kreative Aktionen gelingen kann.

Konzepttests skizzieren die wesentlichen Eigenschaften eines potenziell zu entwickelnden Produkts und sammeln kundenseitiges Feedback hinsichtlich der Bedürfniserfüllung, Akzeptanz und Zahlungsbereitschaft.

Lean Startup ist ein Ansatz zur Entwicklung von Produkten, Dienstleistungen und Unternehmen, der alle mit dem Entwicklungsprozess einhergehenden Aktivitäten möglichst ‚schlank' hält und darauf abzielt, so schnell und so viel wie möglich von Kunden und Nutzern zu lernen.

Marktschaffung heißt, durch innovative Angebote bestehende Märkte zu zerstören oder aber eine vollkommen neuartige Nachfrage zu generieren.

Das **minimal funktionsfähige Produkt** bezeichnet im Lean Startup Ansatz einem funktionstüchtigen Prototypen, der so schnell wie möglich realem Kundenfeedback zwecks Weiterentwicklung hin zu einem gangbaren Geschäftsmodell ausgesetzt wird.

Online Marketing als Instrument des Entrepreneurial Marketing besteht aus sämtlichen Maßnahmen, die dazu dienen können, potenzielle Kunden zum Zwecke der Anbahnung einer Transaktion auf die Website eines Unternehmens zu lenken.

Ein **Pitch** stellt ein Verkaufsgespräch in eigener Sache dar, in dem Unternehmensgründer danach streben, potenzielle Investoren (u. a. Venture Capital-Geber, Business Angels) bzw. Kunden von sich zu überzeugen.

Public Relations als Teil des Entrepreneurial Marketing ist der systematische Beziehungsaufbau und die systematische Beziehungspflege eines jungen Unternehmens mit der Öffentlichkeit und zielt darauf ab, Vertrauen in der Öffentlichkeit zu schaffen.

Social Media Marketing als Instrument des Entrepreneurial Marketing dient dazu, große Reichweiten bei überschaubarem Aufwand über die Kommunikation insbesondere in sozialen Netzwerken zu erreichen.

Im **Stealth Mode** tarnt ein Unternehmen seinen wahren Zweck, spricht nicht über sein zu entwickelndes Angebot und zieht sich aus der Öffentlichkeit zurück, um sich so die Vorteile eines frühen Markteintritts (First-Mover-Advantage) zu sichern.

Eine **unternehmerische Gelegenheit** entspricht einer Situation, die es erlaubt, neue Güter, Dienstleistungen, Materialen und Methoden einzuführen und zu verkaufen.

Unternehmerische Marktforschung ist das Sammeln jeglicher verlässlicher Information, die dazu dient, Unsicherheit über ein unternehmerisches Projekt abzubauen.

Virales Marketing als Instrument des Entrepreneurial Marketing setzt auf Mund-zu-Mund-Propaganda in der Zielgruppe des Unternehmens. Dabei werden vor allem Online Medien und soziale Netzwerke als Instrumente eingesetzt.

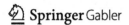

Printed in the United States
By Bookmasters